JN081314

À l'oreille !

Serge GIUNTA

Mirei SEKI

Illustrations de Laurent MASSON

Editions ASAHI

ア・ロレイユ！　音声・動詞活用プリント　HP

https://text.asahipress.com/free/french/aoreille/

吹込み – Sylvain DETEY / Léna GIUNTA /
Frank-Arnaud MEHL / Perrine HARANG-BRUNET

PRÉFACE ||||||||||||||||||||||||||||||||||||||||||||||||||||||||||||||||

　外国語を習得する際には，母国語をマスターしたときのように，言葉を聞いて理解しながら，文の構造を自然と身につけるというプロセスをつい忘れてしまいがちです．文法は外国語を学ぶ際には，大きな手助けになることは間違いありません．しかし，とりわけフランス語のように，綴りと発音が大きく異なる言語の場合には，文法の学習ばかりを進めて，発音練習やリスニングを後回しにすると，簡単な会話さえもできないままフランス語の学習を終えることになってしまいます．言葉は，使ってみてこそ初めて意味を成します．実際に使うことのできない語学習得では，せっかくの苦労も水の泡と化してしまいますね．

　文法を習得するだけでなく，スピーキング力やリスニング力も同時に身につけることができるよう，本書には「聞く，発音する，理解する，話す」といった4要素を強化する様々な練習問題が盛り込まれています．「文法問題」「重要動詞の活用」「リスニング問題」「モデル会話」「会話作文」など，バラエティーに富む構成となっているので，皆さんは本書を通して4要素をバランスよく習得してゆくことができるでしょう．さらに，無理なくレベルアップできるよう，学習プロセスに工夫を重ねた教科書となっています．

　本書での学習を終えたときに，皆さんはきちんと文法を理解しながら，フランス語で意思疎通をはかることができるようになっていることでしょう．ぜひ，楽しく，粘り強く学習を続け，時には息抜きをしながら，フランス語をマスターして下さい！

2023年9月　著者一同

Table des Matières

Leçon 0

INTRODUCTION

1 アルファベ Alphabet 🔊 1-02

A a [a]	B b [be]	C c [se]	D d [de]	E e [ə]	F f [ɛf]	G g [ʒe]
H h [aʃ]	I i [i]	J j [ʒi]	K k [ka]	L l [ɛl]	M m [ɛm]	N n [ɛn]
O o [o]	P p [pe]	Q q [ky]	R r [ɛr]	S s [ɛs]	T t [te]	U u [y]
V v [ve]	W w [dubləve]	X x [iks]	Y y [igɾɛk]	Z z [zɛd]		

Exercice アルファベを大文字で書いてみましょう．次に小文字で書いてみましょう．
Écrivez l'alphabet en lettres majuscules, puis en lettres minuscules.

大文字 ....

小文字 ....

2 つづり字記号 Signes orthographiques 🔊 1-03

(´)	accent aigu	é	bébé 赤ちゃん	été 夏	café コーヒー
(`)	accent grave	à è ù	là そこ	père 父	où どこ
(^)	accent circonflexe	â ê î ô û	gâteau ケーキ	rêve 夢	île 島
(¨)	tréma	ë	Noël クリスマス	Hawaï ハワイ	égoïste エゴイスト
(¸)	cédille	ç	français フランス語	leçon 授業	reçu 領収書
(')	apostrophe	'	l'amour 愛	l'espoir 希望	l'odeur 匂い
(-)	trait d'union	-	rendez-vous 約束	après-midi 午後	porte-clés キーホルダー

Exercice あなたの名前と名字を文字（アルファベ）で書き，声に出してつづりを1文字ずつ読んでみましょう．
Écrivez votre prénom et nom, en toutes lettres, puis épelez-les à haute voix.

Modèle : Je m'appelle **Maï Séki** - M / A / Ï [**i** tréma] - S / É [**e** accent aigu] / K / I.

À vous ! Je m'appelle .... - ....

3 発音とつづり Sons et orthographe

1) 単母音字（母音）🔊 1-04

a à â [a] または [ɑ]

ami 友達　　　　**là-bas** あそこ　　　　ch**â**teau 城

i î ï [i]

ici ここ　　　　**î**le 島　　　　na**ï**f 素朴な

o ô [o] または **[ø]**

loto 宝くじ　　　　　　dôme ドーム　　　　　　arôme アロマ

y [i]

stylo ペン　　　　　　　papy おじいさん　　　　synonyme 類義語

u û [y]

usine 工場　　　　　　　sûr 確かな　　　　　　mûr 熟した

é è ê ë [e] または **[ɛ]**

école 学校　　　　　　　mère 母　　　　　　　tête 頭　　　　　　canoë カヌー

e [e] または **[ɛ]**

dessin デッサン　　　　　parler 話す　　　　　　merci ありがとう
ticket チケット　　　　　nez 鼻

例外　[ə] または無音：menu 定食　　　table テーブル

2) 複母音字（母音）🔊 1-05

ai ei [e] または **[ɛ]**

j'ai 私は…を持っている　　lait 牛乳　　　　　　　beige ベージュ

au eau [o]

auto 自動車　　　　　　　tuyau ホース　　　　　pipeau 牧笛

ou où oû [u]

nounou 乳母　　　　　　　où どこ　　　　　　　goût 味

eu œu [ø] または **[œ]**

peu ほとんど〜ない　　　　sœur 姉妹　　　　　　cœur 心

oi [wa]

moi 私　　　　　　　　　voici こちら　　　　　bois 森

3) 母音字＋n, m（鼻母音）🔊 1-06

an en [ã]

banc ベンチ　　　　　　　chanteur 歌手　　　　enfant 子ども

am em [ã]

ambassade 大使館　　　　　emmener 連れて行く　　emploi 雇用

in ain ein [ɛ̃]

cousin いとこ　　　　　　pain パン　　　　　　plein いっぱいの

im [ɛ̃]　＊b, m, p が後続する場合はin とはならずim となります.

imbécile 愚かな　　　　　impossible 不可能な

un um [œ̃]

lundi 月曜日　　　　　　parfum 香水

on om [ɔ̃]　＊b, m, p が後続する場合はon とはならずom となります.

non いいえ　　　　　　　nom 名字　　　　　　concombre きゅうり　　compote コンポート

ien [jɛ̃]

bien よい　　　　　**lien** 絆　　　　　**italien** イタリア語

oin [wɛ̃]

loin 遠い　　　　　**moins** より少ない　　　　　**point** 点

4)　i, u, ou ＋母音字（半母音）🔊 1-07

i（＋母音）[j]

piano ピアノ　　　　　**radio** ラジオ　　　　　**bio** 有機の

u（＋母音）[ɥ]

juin 6月　　　　　**lui** 彼に　　　　　**nuit** 夜

ou（＋母音）[w]

oui はい　　　　　**jouer** 遊ぶ　　　　　**douane** 税関

その他

a + y（＋母音字）[ɛj]

paye 給料　　　　　**essayage** 試着　　　　　**crayon** 鉛筆

o + y（＋母音字）[waj]

royal 王(家)の　　　　　**moyen** 手段　　　　　**noyau** 種

-il -ill [j]

travail 仕事　　　　　**fille** 少女　　　　　**quille** 木柱

例外 [l]：**ville** 町　　**mille** 1000

5)　子音字（子音）🔊 1-08

cは後続する母音字によって音が変わりますが，çは常にサ行の音となります．

c + e, i, y [s]

cela それ　　　　　**cinéma** 映画　　　　　**cycle** サイクル

c + a, o, u [k]

café コーヒー　　　　　**copain** 仲間　　　　　**cuisine** 料理

c + l, r [k]

clé 鍵　　　　　**clarinette** クラリネット　　　　　**croix** 十字架

c（語末で）[k]

avec …と一緒に　　　　　**chic** 粋な　　　　　**choc** ショック

ç + a, o, u [s]

façade 正面　　　　　**garçon** 少年　　　　　**reçu** 領収書

g + e, i, y [ʒ]

plage 浜辺　　　　　**girafe** キリン　　　　　**gym** 体育

g + a, o, u [g]

gare 駅　　　　　**gorge** 喉　　　　　**dégustation** 試食

g + l, r [g]

anglais 英語　　　　　grand 大きい　　　　　gris グレー

母音字＋ s ＋母音字 [-z-]

vase 花瓶　　　　　église 教会　　　　　Rosalie ロザリー

母音字＋ ss ＋母音字 [-s-]

passage 通行　　　　　dessert デザート　　　　　mousse ムース

ch [ʃ]

chat 猫　　　　　chaud 暑い　　　　　chute 落下

ph [f]

pharmacie 薬局　　　　　photo 写真　　　　　philosophie 哲学

gn [ɲ]

Espagne スペイン　　　　　compagnie 会社　　　　　agneau 子羊

th [t]

thé 紅茶　　　　　théâtre 劇場　　　　　Thaïlande タイ

4　アンシェヌマン，リエゾン，エリズィヨン

母音と母音の連続を避けるために，語末の子音（字）と，次に続く語の語頭の母音をつなげて発音します．
次の3つの場合がありますが，いずれも，続く単語の語頭が母音字または無音のhのときに起こります．

1)　**アンシェヌマン** L'enchaînement 🔊 1-09：語末の子音を，次に続く単語の語頭の母音とつなげて発音します．

une‿école 学校　　　　　Il‿aime 彼は…が好き　　　　　Elle‿adore 彼女は…が大好き

2)　**リエゾン** La liaison 🔊 1-10：もともと発音されない語末の子音字を，次に続く単語の語頭の母音とつなげて発音します．

des‿amis 友達　　　　　deux‿enfants 2人の子どもたち　　　　　vous‿êtes あなたは…です

注意　けっしてリエゾンしない場合：主語｜動詞

Les‿enfants ｜ ont des jouets.　　子どもたちはおもちゃを持っている．
Nos‿amis ｜ aiment le cinéma.　　私たちの友達は映画が好きです．

3)　**エリズィヨン** L'élision 🔊 1-11：le, la, je, ce, de などの語末の母音字を省略してアポストロフ（'）をつけ，残った子音字を次の単語の語頭の母音とつなげて発音します．

l'arbre 木　　l'étudiante 女子学生　　l'Europe ヨーロッパ　　l'hôtel ホテル　　j'adore …が大好き

Jouons !　音声を聞いて，声に出してできるだけ早く次の文を読んでみましょう．
Écoutez les phrases, puis répétez-les à haute voix le plus rapidement possible. 🔊 1-12

Charles, le chausseur sachant chausser !　　靴作りのコツを知っている靴屋（店舗）のシャルル！
Suis-je bien chez ce cher Serge ?　　確かに僕はこの親愛なるセルジュの家にいるのかな？
Cinq chiens chassent six chats.　　5匹の犬が6匹の猫を追いかける．
Sacha cherche ses chaises chez Sanchez.　　サシャはサンシェスの家で自分の椅子を探しているよ．

全ての名前を聞いて繰り返してください. Écoutez et répétez tous les prénoms.

Louis
[lwi]

Aziza
[a.zi.za]

Issa
[i.sa]

Naomi
[na.o.mi]

女の子の名前 Prénoms de filles : 🔊 1-13

1. Jade	2. Louise	3. Manon	4. Julia	5. Olivia	6. Camille	7. Nadia
[ʒad]	[lwiz]	[ma.nɔ̃]	[ʒy.lja]	[ɔ.li.vja]	[ka.mij]	[na.dja]

8. Iris	9. Justine	10. Rose	11. Aïcha	12. Agathe	13. Sophie	14. Rachel
[i.ʁis]	[ʒys.tin]	[ʁoz]	[a.i.ʃa]	[a.gat]	[sɔ.fi]	[ʁa.ʃɛl]

男の子の名前 Prénoms de garçons : 🔊 1-14

1. Alec	2. Sacha	3. Léo	4. Lucas	5. Rémy	6. Raphaël	7. Nathan
[a.lɛk]	[sa.ʃa]	[le.o]	[ly.ka]	[ʁe.mi]	[ʁa.fa.ɛl]	[na.tɑ̃]

8. Lionel	9. Julien	10. Karim	11. Arthur	12. Mathéo	13. Hugo	14. Bruno
[ljo.nɛl]	[ʒy.ljɛ̃]	[ka.ʁim]	[aʁ.tyʁ]	[ma.te.o]	[y.go]	[bʁy.no]

Amusons-nous !

上記のリストからファーストネームを選ぶか，他の好きなファーストネームを選び，例にならって自己紹介をしてみましょう． Choisissez un prénom dans la liste ci-dessus ou un autre prénom de votre choix, puis présentez-vous, suivant le modèle.

Modèle （例）: **Je m'appelle Oxana.** (Marina / Jade / Nolan / Mehdi / Georges ...)

あなた
の
写真

Je m'appelle ....

PRÉLUDE

音声を聞いて，発音してみましょう．そして例にならって自己紹介をしてみましょう. 🔊)) 1-15, 16
Écoutez et répétez, puis présentez-vous suivant les modèles.

Bonjour.
– ....

Salut !
– ....

Je m'appelle Jun Yamamoto.
▸Je m'appelle ....

Je m'appelle Miki Mishima.
▸Je m'appelle ....

Je suis japonais.
▸Je suis ....

Je suis japonaise.
▸Je suis ....

Je suis étudiant.
▸Je suis ....

Je suis étudiante.
▸Je suis ....

J'habite_à Tokyo.
▸J'habite à ....

J'habite_à Anjo, près de Nagoya.
▸J'habite à ...., **près de** ....

🗒 **À vous !** 　上の例を見ずに，もう一度練習してみましょう. Refaites l'exercice sans regarder les situations ci-dessus.

–... .

Je ....

Je ....

Je ....

J' ....

1

Ouah, c'est bien ici !

GRAMMAIRE |||||||||||||||||||||||||||||||||||||||||||||||||||||||||||||||||||||||||||||||||||||||

Ⅰ 不定冠詞/男性形と女性形/単数形と複数形 L'article indéfini / Le masculin (*m.*) et le féminin (*f.*) / Le singulier (*s.*) et le pluriel (*pl.*)

男単	**un**				
女単	**une**	C'est }	**un** restaurant. (*m.*) **une** supérette. (*f.*)	Ce sont } **des** restaurants. (*pl.*) **des** supérettes. (*pl.*)	レストラン コンビニ
複	**des**				

名詞の単数形と複数形 Le singulier et le pluriel des noms

	単数形 (singulier)	**複数形** (pluriel)	
s をつける	magasin / épicerie	→ magasins / épiceries	店 / 食料品店
(e)au → (e)aux	bureau	→ bureaux	オフィス・会社
s / x → s / x（無変化）	bus	→ bus	バス

🎧 À l'oreille ! 音声を聞いて，文を完成させましょう．Écoutez et complétez. 🔊 1-17

1. C'est _____ café. (*m.*)　　Ce sont _____ café _____ .
2. C'est _____ pâtisserie. (*f.*)　　Ce sont _____ pâtisserie _____ .
3. C'est _____ hôtel. (*m.*)　　Ce sont _____ hôtel _____ .
4. C'est _____ crêperie. (*f.*)　　Ce sont _____ crêperie _____ .

café	カフェ
pâtisserie	ケーキ屋
hôtel	ホテル
crêperie	クレープ屋

🎧 À vous ! 空欄に適切な文字または語句を入れ，文を完成させましょう．次に音声を聞いて，必要に応じて直しましょう．Complétez les phrases, puis écoutez et corrigez. 🔊 1-18

1. Ici, _____ _____ supermarché _____ (*m.*) et là, _____ _____ pharmacie _____ (*f.*).
   こちらがスーパーマーケットで，そちらが薬局です．
2. Là, _____ _____ appartement _____ (*pl.*) et là-bas, _____ _____ bureau _____ (*pl.*).
   そちらはアパルトマンで，あちらにあるのはオフィスです．

Ⅱ 疑問文 La forme interrogative

①	**Est-ce que c'est**	une laverie ?	あれはコインランドリーですか？
	Est-ce que ce sont	des boutiques ?	あれらはブティックですか？
②	**C'est**	un supermarché ?	あれはスーパーマーケットですか？
	Ce sont	des bureaux ?	あれらはオフィスですか？

🎧 À l'oreille ! 音声を聞いて，文を完成させましょう．Écoutez et complétez. 🔊 1-19

1. un fleuriste　→ ② _____ un fleuriste ?
2. une parfumerie　→ ① _____ une parfumerie ?
3. des boutiques　→ ② _____ des boutiques ?
4. des boulangeries　→ ① _____ des boulangeries ?

fleuriste	花屋
parfumerie	香水店
boutique	ブティック
boulangerie	パン屋

À vous ! 空欄に適切な語句を入れ，文を完成させましょう．次に音声を聞いて，必要に応じて直しましょう．
Complétez les phrases, puis écoutez et corrigez. 🔊 1-20

1. boutique → ① _____ _____ boutique ? あれはブティックですか？
   → ② _____ boutique ?

2. bureaux → ② _____ bureaux ? あれらはオフィスですか？
   → ① _____ bureaux ?

III Oui / Non – 肯定文と否定文 Oui / Non – les formes affirmatives et négatives

Oui, ... → **c'est** un traiteur / une librairie.	仕出し屋 / 本屋
→ **ce sont** des commerces.	商店
Non, ... → **ce n'est pas** un traiteur / une librairie.	
→ **ce ne sont pas** des commerces.	

否定：時制や動詞にかかわらず，否定文は常に ne (n') と pas で動詞を挟むことによって作られます．

C'est un restaurant ?   – Non, ce n'est pas un restaurant. C'est un café.
あれはレストランですか？   – いいえ，レストランではありません．カフェです．

会話：C'est un restaurant ?   – Non, c'est un café.
あれはレストランですか？   – いいえ，カフェです．

À l'oreille ! 音声を聞いて，文を完成させましょう．Écoutez et complétez. 🔊 1-21

1. C'est une laverie ?   – _____, _____ laverie.
2. C'est un bistrot ?   – _____, _____ bistrot.
3. Ce sont des glaciers ? – _____, _____ glaciers.
4. Ce sont des théâtres ? – _____, _____ cinémas.

laverie	コインランドリー
bistrot	ビストロ
glacier	アイスクリーム屋
cinéma	映画館

À vous ! 空欄に適切な語句を入れ，文を完成させましょう．次に音声を聞いて，必要に応じて直しましょう．
Complétez les phrases, puis écoutez et corrigez. 🔊 1-22

1. Là-bas, c'est _____ musée ? – _____, _____ _____ musée.
   あそこにある，あれは美術館ですか？   – はい，美術館です．

2. Là, ce sont _____ bureaux ? – _____, _____ _____ bureaux.
   そこにある，それらはオフィスですか？   – いいえ，オフィスではありません．

TEMPS LIBRE

絵に描かれた店は，すでにこの課で習ったものです．探してみましょう．Ces commerces sont dans la leçon ! Trouvez-les.

Qu'est-ce que c'est, ça, là-bas ?

– C'est _____, _____ .
  et _____ .

C'est quoi, ça, là-bas ?

– Ce sont _____ .

ポールは新しいアパルトマンに引っ越したばかりです．友達のノエ，アダム，サラ，マリオンと一緒に，近所を散策します．Paul vient d'emménager dans son nouvel appartement. Avec ses amis, Noé, Adam, Sarah et Marion, ils découvrent le quartier. 🔊 1-23

De mémoire

Ouah ! すごい，うわーお！	**C'est bien, ici.** ここはいいですね．	**C'est quoi ?** あれは何ですか？
... , n'est-ce pas ? …ではないですか？	**ici** ここ	**là** そこ	**là-bas** あそこ

Verbe 動詞の活用の練習 N° ① (p. 72) **être** …です．

C'est *un appartement* それはアパルトマンです． **Ce sont** *des bureaux.* それらはオフィスです．

AU QUOTIDIEN !

● ●

I 音声を聞いて，発音してみましょう． Écoutez et répétez.

Les salutations (1) 挨拶 (1) 🔊 1-24

Bonjour,	Monsieur.	こんにちは，ムッシュー．
Au revoir,	Madame.	さようなら，マダム．
Bonsoir,	Mademoiselle.	こんばんは，マドモワゼル．

Salut, Lucas !	やあ，リュカ！
Salut, tout le monde !	やあ，皆さん！
Salut.	じゃあね．

Bon week-end !　よい週末を！
– Merci. Toi aussi.　– ありがとう．君もね．

Bonne journée.　よい一日を．
– Merci. Vous aussi.　– ありがとう．あなたも．

À demain !　また明日！
– À demain.　– また明日．

À bientôt !　またね（近いうちに）！
– À bientôt.　– またね（近いうちに）．

À plus tard !　また後で！
– OK. À plus tard.　– OK．また後で．

À lundi !　また月曜日にね！
(mardi, mercredi, jeudi, vendredi, samedi, dimanche)　（火曜日，水曜日，木曜日，金曜日，土曜日，日曜日）
– À lundi.　– また月曜日にね．

▶ monsieur madame mademoiselle → 省略形はそれぞれ，**M.**　**Mme**　**Mlle** となります．

II 音声を聞いて，発音してみましょう． Écoutez et répétez. 🔊 1-25, 26

Modèle 1 :
Bonjour, Monsieur Picot.　　こんにちは，ピコさん．
– Bonjour, Madame Lebon.　　– こんにちは，ルボンさん．

Modèle 2 :
Salut, Jules.　　じゃあね，ジュール．
– Salut, Lola. À demain.　　– じゃあね，ロラ．また明日．
À demain.　　また明日．

III 音声を聞き，空欄を埋めて会話文を完成させましょう． Écoutez et complétez les situations. 🔊 1-27, 28

1.

_____, Mademoiselle !　さようなら，マドモワゼル！
– _____, Monsieur !　– さようなら，ムッシュー！
_____.　よい一日を．
– Merci. _____.　– ありがとう．あなたも．

2.

_____, Hervé.　じゃあね，エルヴェ．
– _____, Fanny.　– じゃあね，ファニー．
_____ lundi.　また月曜日にね．
– _____ !　– よい週末を！

IV ロールプレイをしながら，練習してみましょう． Jouez les rôles !

Leçon 2

Salut, Paul ! Ça va ?

GRAMMAIRE

I 名詞・形容詞の男性形 / 女性形 / 単数形 / 複数形　Le genre et la forme des noms et des adjectifs

名詞 (Nom)

Qui est-ce ? ↔ **C'est qui ?**　（こちらは）誰ですか？

男単 女単 **C'est** { **un** étudiant. / **une** étudiante. }　　複 **Ce sont** { **des** étudiant**s**. / **des** étudiant**es**. }　こちらは大学生たち男です. / こちらは大学生たち女です.

形容詞 (Adjectif)

Qu'est-ce que c'est (, ça) ? = **C'est quoi (, ça) ?**　（これは）何ですか？

男単 女単 **C'est** { **un petit** magasin. / **une petite** boutique. }　　複 **Ce sont** { **de petits** magasin**s**. / **de petites** boutique**s**. }　これらは小さな店です. / これらは小さなブティックです.

注意　複数形の名詞の前に形容詞が置かれるとき，冠詞のdesはdeとなります.
　　　Ce sont **des** maisons. → Ce sont **de grandes** maisons.　それらは（大きな）家です.

男単 → 女単 (masculin → féminin)

...	→ ... e	joli(e)	きれいな	japonais(e)	日本（人）（の）
... e	→ ... e	moderne	現代的な	suisse	スイス（人）（の）
... on / en	→ ... onne / enne	bon(ne)	よい・おいしい	coréen(ne)	韓国（人）（の）
... s / eux	→ ... sse / euse	gros(se)	大きい	heureux / heureuse	幸せな

À l'oreille !　音声を聞いて，文を完成させましょう. Écoutez et complétez. 🔊 1-29

1. C'est une ami＿＿＿ japonais＿＿＿.
2. Ce sont des hôtel＿＿＿ moderne＿＿＿.
3. Ce sont de petit＿＿＿ maison＿＿＿.

ami	友達
moderne	現代的な
maison	家

À vous !　空欄に適切な文字または語句を入れ，文を完成させましょう. 次に音声を聞いて，必要に応じて直しましょう. Complétez les phrases, puis écoutez et corrigez. 🔊 1-30

1. C'est ＿＿＿ étudiante français ＿＿＿ ?　　– Non, c'est ＿＿＿ étudiante suisse ＿＿＿.
　 そちらはフランス人の学生ですか？　　　　– いいえ，スイス人の学生です.
2. Ce sont ＿＿＿ restaurants japonais ＿＿＿ ? – Non, ce sont ＿＿＿ restaurants coréen ＿＿＿.
　 それらは日本料理店ですか？　　　　　　　– いいえ，韓国料理店です.

II 動詞 être / 主語人称代名詞　Le verbe ÊTRE - Les pronoms personnels sujets

être　単数 / 複数 (singulier / pluriel) … です

私は・僕は	**Je**	(ne)	**suis**	(pas)	français(e).	私はフランス人です（フランス人ではありません）.
君は	**Tu**		**es**		italien(ne) ?	君はイタリア人ですか？
彼は・彼女は	**Il / Elle**	(n')	**est**	(pas)	grand(e).	彼 / 彼女は背が高いです（背が高くありません）.
私たちは・僕たちは	**On**		**est**		petit(e)s.	私たちは背が低いです.
私たちは	**Nous**		**sommes**		content(e)s.	私たちはうれしいです.
あなたは	**Vous**		**êtes**		occupé(e) ?	あなたは忙しいですか？
君たち・あなた方は	**Vous**		**êtes**		fatigué(e)s ?	君たち / あなた方は疲れていますか？
彼ら・彼女たちは	**Ils / Elles**		**sont**		malades.	彼ら / 彼女たちは病気です.

注意　on = nous　意味は同じですが、onは若い人がよく使う表現です.
　　　Nous sommes japonais(es). → **On est** japonais(es).　私たちは日本人です.

🎧 À l'oreille ! 音声を聞いて，文を完成させましょう．Écoutez et complétez. 🔊 1-31

1. _____ es chinois _____, Tao ?
2. Maria, _____ êtes brésilien _____ ?
3. Ça va, Miki ? – Non. _____ suis malade _____ .

chinois	中国人
brésilien	ブラジル人
malade	病気の

📝 À vous ! 空欄に適切な語句を入れ，文を完成させましょう．次に音声を聞いて，必要に応じて直しましょう．
Complétez les phrases, puis écoutez et corrigez. 🔊 1-32

1. Tu _____ _____, Aya ?　　　　　アヤ，君は日本人なの？
   – Oui, je _____ .　　　　　　　　　　　　– はい，私は日本人です．
2. Paolo, Lucia, vous _____ ?　　　　　　パオロ，リュシア，あなた方はフランス人ですか？
   – Non, on _____ .　　　　　　　　　　　– いいえ，私たちはイタリア人です．

Ⅲ 定冠詞 / 所属：誰の…？ – 〜の…です． L'article défini / l'appartenance : ... de qui ? – ... de (d') ~

男 単	**un** → **le** (l')	**un** sac	→ **le** sac **de** Lily	リリのカバン
女 単	**une** → **la** (l')	**une** maison	→ **la** maison **de** M. Baron	バロンさんの家
複	**des** → **les**	**des** enfants	→ **les** enfants **d'**Élise	エリーズの子どもたち

C'est le sac **de qui** ?　　– C'est le sac **de** Léo.　　　誰のカバンですか？– レオのかばんです．
Ce sont les amis **de qui** ?　– Ce sont les amis **d'**Hélène.　誰の友達ですか？– エレーヌの友達です．

注意 母音の前ではエリズィヨンします． **é**cole / **O**livia　　**L'é**cole **d'O**livia. オリヴィアの学校

🎧 À l'oreille ! 音声を聞いて，文を完成させましょう．Écoutez et complétez. 🔊 1-33

1. C'est _____ voiture _____ M. et Mᵐᵉ Polin.
2. Ce sont _____ stylos _____ Mia.
3. C'est _____ père _____ Alissa.

voiture	車
stylo	ペン
père	父

📝 À vous ! 空欄に適切な語句を入れ，文を完成させましょう．次に音声を聞いて，必要に応じて直しましょう．
Complétez les phrases, puis écoutez et corrigez. 🔊 1-34

1. C'est _____ appartement _____ ?　　　– C'est _____ appartement _____ Mᵐᵉ Rodin.
   これは誰のアパルトマンですか？　　　　　　　　　　　– ロダン夫人のアパルトマンです．
2. Ce sont _____ enfants _____ ?　　　　– Ce sont _____ enfants _____ Antonin et Mona.
   こちらは誰のお子さんたちですか？　　　　　　　　　　– アントナンとモナの子どもたちです．

❧❧❧ TEMPS LIBRE ❧❧❧

例にならって，あなたのクラスで隣に座っている友達を紹介して下さい．Présentez votre / vos voisin(e)s de classe, suivant le modèle.

Qui est-ce ? / C'est qui ? 誰ですか？

① Jun

② Miki

③ Jules et Margaux

– Ici, _____ .　　　– Là, _____ .　　　– Là-bas, _____ et _____ .

ポールの誕生日です．彼の家で友人たちと一緒に小さなパーティーを開きます．ポールは，カナダ人学生のジュリエットも招待しました．C'est l'anniversaire de Paul. Avec des amis, ils font une petite fête chez lui. Paul a aussi invité Juliette, une étudiante canadienne. 🔊 **1-35**

Verbe 動詞の活用の練習 N° ① (p. 72) **être** …です／…にいる

Il est *suisse.* 彼はスイス人です．   **Il est** *dans le salon.* 彼はリビングにいます．

AU QUOTIDIEN !

Ⅰ 音声を聞いて，発音してみましょう．Écoutez et répétez.

Les salutations (2) 挨拶 (2) 🔊 1-36

Salut ! Ça va ? やあ！元気？
– Ça va. Et toi ? – 元気だよ．君は？
Ça va. Merci. 元気だよ．ありがとう．

日常会話

Ça va bien ? 元気？
– Pas mal. – まずまずだよ．

En forme ? 元気かい？
– En forme. – 元気よ．

Bonjour. Comment allez-vous ? こんにちは，ご機嫌いかがですか？
– Bien, merci. Et vous ? – 元気です，ありがとう．あなたは？
Très bien. Merci. とても元気です．ありがとう．

Vous allez bien ? お元気ですか？
– Je vais bien, merci. – 元気です，ありがとう．

Tu vas bien ? 元気？
– Comme ci, comme ça. – まあまあです．

Ⅱ 音声を聞いて，発音してみましょう．Écoutez et répétez. 🔊 1-37, 38

Modèle 1 :

Bonjour. Vous allez bien ? こんにちは．お元気ですか？
– Très bien. Merci. Et vous ? – とても元気です．ありがとう．あなたは？
Bien. Merci. Au revoir, Madame. 元気です．ありがとう．さようなら，マダム．
– Au revoir, Monsieur. さようなら，ムッシュー．

Modèle 2 :

Salut, Nolan ! Ça va ? やあ，ノラン！元気？
– Ça va. Merci. Et toi ? – 元気だよ．ありがとう．君は？
Comme ci, comme ça. Salut. まあまあだよ．じゃあね．
– Salut. – じゃあね．

Ⅲ 音声を聞き，空欄を埋めて会話文を完成させましょう．Écoutez et complétez les situations. 🔊 1-39, 40

1.

Bonjour. _____ **?** こんにちは，ご機嫌いかがですか？
– _____ **, merci.** _____ **?** – 元気です，ありがとう．あなたは？
_____ **, merci.** とても元気です．ありがとう．
– _____ **.** – さようなら．

2.

Salut, Maya ! _____ **?** やあ，マヤ！元気？
– _____ **.** _____ **?** – 元気よ．あなたは？
_____ **.** _____ **.** まずまずだよ．またね．
– _____ **.** – またね．

Ⅳ ロールプレイをしながら，練習してみましょう．Jouez les rôles !

I 空欄を埋めて，会話文を完成させましょう．次に音声を聞いて，必要に応じて直し，発音してみましょう．
Complétez les situations, puis écoutez, corrigez et répétez. 🔊 1-41, 42

1.

Là, qu'est-ce que c'est ?

そこにある，それは何ですか？

-- ?

薬局（ですか）？

– .... , c'est ....

– はい，薬局です．

2.

Là-bas, c'est quoi ?

あそこにある，あれは何ですか？

-- ?

アパルトマン（ですか）？

– .... , ce sont ....

– いいえ，オフィスです．

II 友達と一緒に，空欄を埋めて会話文を完成させ，声に出して読みましょう．
Ensemble, complétez la situation, puis lisez-la à haute voix. 🔊 1-43

-- ?

それは何ですか？

-- ?

コインランドリー（ですか）？

– .... , ...

– いいえ，クリーニング店（です）．

III 友達と一緒に上の例にならい，場面を想像して会話文を作りましょう．そして演じてみましょう．
Ensemble, imaginez une situation, suivant les modèles ci-dessus, puis jouez les rôles.

-- ?

-- ?

– -- .

Les commerces 商店		音声を聞いて，発音してみましょう．Écoutez et répétez. 🔊 1-44	
une épicerie	食料品店	une laverie	コインランドリー
un kebab	ケバブ屋	une parfumerie	香水店
une brasserie	ブラッスリー	un grand magasin	デパート
une crêperie	クレープ屋	un commissariat de police	警察署
une pharmacie	薬局	un centre commercial	ショッピングセンター
un fastfood	ファストフード店	une agence de voyages	旅行代理店
une parapharmacie	ドラッグストア	une agence immobilière	不動産屋
un cybercafé	インターネットカフェ	un bureau de change	両替所
un pressing	クリーニング店	une galerie marchande	商店街・モール

MISE EN SCÈNE (2)

I 空欄を埋めて，会話文を完成させましょう．次に音声を聞いて，必要に応じて直し，発音してみましょう．
Complétez les situations. Puis écoutez, corrigez et répétez. 🔊 **1-45, 46**

1. [Henri Roy – France]

– **Bonjour. Je m'appelle** Henri Roy.　こんにちは．私の名前はアンリ・ロワです．

– **Je suis** _____.　私はフランス人です．

– **Je suis** _____.　私は大学生です．

– **Je suis** _____ **d'Éric.**　エリックの友達です．

Qui est-ce ?

▶ C'est Henri Roy. Il est _____. Il est _____. C'est _____ Éric.

2. [Éva Nury – Suisse]

– **Salut ! Je m'appelle** _____.　やあ！私の名前はエヴァ・ニュリです．

– **Je suis** _____.　私はスイス人です．

– **Je suis** _____.　私は大学生です．

– **Je suis** _____ **de Manon.**　私はマノンの友達です．

C'est qui ?

▶ C'est _____. Elle est _____. Elle est _____. C'est _____ Manon.

II 友達と一緒に，空欄を埋めて会話文を完成させ，声に出して読みましょう．
Ensemble, complétez la situation, puis lisez-la à haute voix.

– _____ ! _____.　やあ！僕の名前は田中礼です．

– _____.　僕は日本人です．

– _____.　僕は大学生です．

– _____.　ポールの友達です．

Qui est-ce ?

▶ _____. _____. _____. _____.

III 上の例にならって，隣の友達に自己紹介してくれるように頼んでみましょう．
Demandez à votre voisin(e) de se présenter, suivant les modèles ci-dessus.

– _____ ! _____.

– _____.

– _____.

– _____.

Qui est-ce ?

▶ _____. _____. _____. _____.

Vocabulaire 語彙

ami(e) 友達　　　**copain – copine** 友達，仲間

Variété **1**

Connaissez-vous la France ?

フランスをご存知ですか？

友達と一緒に，フランスの**10**大都市を地図上で見つけて番号を振り，例にならってクロスワードパズルを完成させましょう．Ensemble, retrouvez sur la carte les 10 plus grandes villes françaises, numérotez-les, puis complétez les mots-croisés, suivant le modèle.

Modèle **1. Paris** ... capitale de la France. パリ、フランスの首都

2. **Marseille**

3. **Lyon**

4. **Toulouse**

5. **Nice**

6. **Nantes**

7. **Strasbourg**

8. **Montpellier**

9. **Bordeaux**

10. **Lille**

Les musées de Paris

パリの美術館

パリには206もの美術館と1016のアート・ギャラリーがあり，文化芸術の宝庫となっています．美術館の多くは古い宮殿や建造物を改築したもので，その最たる例が世界最多の入館者を誇る**ルーヴル美術館**です．12世紀に要塞として建設されたルーヴル城が増築と改築を経て，1793年に美術館として開館しました．「モナリザ」，「サモトラケのニケ」，「ミロのヴィーナス」などの名作が展示されています．ルーヴル美術館の中庭にはガラスでできたピラミッドが建ち，建築家の名前から「ペイのピラミッド」とも呼ばれています．

オルセー美術館は，鉄道ターミナルのオルセー駅を改修してできた美術館で，印象派の名作を数多く所蔵しています．

ポンピドゥー・センターは，旧中央市場跡に建てられた斬新な外観の美術センターです．国立現代美術館のほかに図書館も併設され，毎年さまざまな催しものが開催されるため，1977年の開館以来今なお話題を呼んでいます．入口広場では，ミュージシャンやアーティストたちが集まり，思い思いの活動を行っています．

ピカソ美術館では，若き日の画風から年代順にピカソ絵画の変遷を追うことができます．バロック様式の美術館は、「塩の館」とも呼ばれています．もともとは塩税徴収官の邸宅でした．

ロダン美術館では，美しい庭園に置かれた傑作「考える人」の彫刻に目を奪われることでしょう．美術館が苦手という人にお勧めしたいのは，多くの有名人が出迎えてくれる**グレヴァン美術館**です．マリー・アントワネット，マイケル・ジャクソン，アンジェリーナ・ジョリーやブラッド・ピットに至るまで，蝋人形の有名人が勢ぞろいしています．

Elle parle et comprend le français ?

I 動詞 avoir / il y a の表現（提示）と否定の冠詞 de　Le verbe AVOIR / Le présentatif IL Y A … / la négation avec DE (d')

avoir

J'	**ai**	un ordinateur.	コンピューター
Tu	**as**	un smarphone ?	スマートフォン
Il / Elle / On	**a**	une voiture.	車
Nous	**avons**	un chien.	犬
Vous	**avez**	des enfants ?	子どもたち
Ils / Elles	**ont**	des amis français.	フランス人の友達

注意　否定文では，直接目的語に先行する不定冠詞 **un / une / des** は **de** (d') となる．
J'ai **une** tablette.　私はタブレットを持っている．→ Je **n'**ai **pas de** tablette.　私はタブレットを持っていない．
Il a **des** amis anglais. 彼はイギリス人の友達がいる．→ Il **n'**a **pas d'**amis anglais. 彼にはイギリス人の友達がいない．

Il y a … / **Il n'y a pas …**　…がある・…がいる / …がない・…がいない：単数と複数，人ともの，いずれにも使えます．
Qu'est-ce qu'il y a sur la table ?　　– Il y a un journal et des magazines.
テーブルの上には何がありますか？　　　　– 新聞と雑誌が数冊あります．
Qui est-ce qu'il y a dans le parc ?　　– Il y a une femme, mais il n'y a pas d'enfants.
公園には誰がいますか？　　　　　　　　– 女性が一人いますが，子どもはいません．

À l'oreille !　音声を聞いて，文を完成させましょう．Écoutez et complétez. 🔊 1-47

1. J' _____ scooter.
2. Est-ce que tu _____ _____ vélo ?
3. Ils n' _____ pas _____ enfants.
4. Il y a _____ table, mais il n'y a pas _____ chaises.

scooter	スクーター
vélo	自転車
enfant	子ども
chaise	イス

À vous !　空欄に適切な語句を入れ，文を完成させましょう．次に音声を聞いて，必要に応じて直しましょう．
Complétez les phrases, puis écoutez et corrigez. 🔊 1-48

1. Julie, Éva, _____ _____ _____ tablette ? – Oui, _____ _____ _____ tablette.
ジュリー，エヴァ，あなた方はタブレットを持っていますか？　　– はい，私たちはタブレットを持っています．
2. Qui est-ce qu' _____ dans _____ classe ? – _____ _____ étudiants.
教室には誰がいますか？　　　　　　　　– 学生たちがいます．

II 定冠詞 / 指示形容詞　L'article défini / L'adjectif démonstratif / …- ci, …-là

		定冠詞		指示形容詞「この，その，あの」	
男単	un →	le crayon	→	ce crayon	鉛筆
		l'homme	→	cet homme	人，男性
女単	une →	la maison	→	cette maison	家
		l'étudiant(e)	→	cet / cette étudiant(e)	学生
複	des →	les sacs	→	ces sacs	かばん
		les enfants	→	ces enfants	子どもたち

注意　母音で始まる男性単数名詞の前では，**ce → cet** となる．**… -ci** / **… -là**：こちらの… / そちらの・あちらの…
Cet hôtel このホテル / **Cet** animal この動物 / **Cet** ingénieur こちらのエンジニア
Ce livre, **ici**. → Ce livre-**ci**. こちらの本 / Ces livres, **là**. → Ces livres-**là**. あちらの本

À l'oreille ! 音声を聞いて，文を完成させましょう．Écoutez et complétez. 🔊 1-49

1. _____ voiture est rapide.
2. _____ boutiques sont jolies.
3. _____ livre est intéressant.
4. _____ étudiant est intelligent.

rapide	速い
joli	きれいな
intéressant	おもしろい
intelligent	頭がよい

À vous ! 空欄に適切な語句を入れ，文を完成させましょう．次に音声を聞いて，必要に応じて直しましょう．
Complétez les phrases, puis écoutez et corrigez. 🔊 1-50

1. Où est _____ rue Pasteur, s'il vous plaît ? – C'est _____ petite rue, là-bas.
   すみません，パストゥール通りはどこですか？ － あそこの，あの小さな通りです．
2. Où est _____ appartement _____ Alice ? – Dans _____ grand immeuble.
   アリスのアパルトマンはどこですか？ － その大きな建物の中です．

III 人称代名詞 / 強勢形 Les pronoms personnels / La forme tonique

主 語	(je)	(tu)	(il)	(elle)	(nous / on)	(vous)	(ils)	(elles)
強勢形	moi	toi	lui	elle	nous	vous	eux	elles

1) 主語を強調する．
   ▶ **Moi**, je ... 私は，… / **Toi**, tu ... 君は，… / **Lui**, il ... 彼は，…
   Théo, Sylvia, vous êtes français ? テオ，シルヴィア，君たちはフランス人？
   – **Moi**, je suis français, mais **elle**, elle est italienne. 僕はフランス人だけど，彼女はイタリア人だよ．

2) その他の用法：et や前置詞などとともに用いる．
   ▶ **Et moi ?** それで，私は？ / **Et toi ?** それで，君は？ / **Et vous ?** ... それで，あなた（方）は？
   Je suis français. **Et vous** ? 僕はフランス人です．あなたは？
   – **Moi**, je suis japonaise. － 私は日本人です．

   ▶ **Moi**, c'est... 私の方は… / **Toi**, c'est... 君の方は… / **Lui**, c'est... 彼の方は…
   Moi, c'est Juliette. Et **toi** ? – **Moi**, c'est Iris. 私はジュリエット．あなたは？ － 私はイリス．

   ▶ **... pour moi** 私のために… / **... avec toi** 君と一緒に… / **... chez vous** あなたの家で・に…
   C'est **pour** moi, ça ? これは僕のため（僕の分）ですか？
   – Oui, c'est **pour** toi. － はい，君のため（君の分）です．
   Tu es **avec** Rina ? リナと一緒にいますか？
   – Oui, je suis **avec** elle. － はい，彼女と一緒にいます．
   Vous êtes **chez** vous ? あなたは家にいますか？
   – Non, je ne suis pas **chez** moi. － いいえ，家にいません．

À l'oreille ! 音声を聞いて，文を完成させましょう．Écoutez et complétez. 🔊 1-51

1. _____, je suis sportif.
2. _____, il a le temps.
3. _____, elles ne sont pas riches.
4. _____, on est pauvres.

sportif	スポーツが得意な
temps	時間
riche	裕福な
pauvre	貧しい

À vous ! 空欄に適切な語句を入れ，文を完成させましょう．次に音声を聞いて，必要に応じて直しましょう．
Complétez les phrases, puis écoutez et corrigez. 🔊 1-52

1. Nous, on est japonaises. Et _____ ? – _____, _____ est coréennes.
   私たちは日本人です．あなた方は？ － 私たちは韓国人です．
2. Salut ! _____, c'est Théo, et _____ ? – _____, c'est Marina.
   やあ！ 僕はテオ．君は？ － 私はマリナ．

21
vingt et un

サラとヴァランタンはカフェのテラスにいます．彼らは，少し（待ち合わせに）遅れている友達のジュールとマルゴを待っています．サラはジュリエットとも知り合いになります．Sarah et Valentin sont à la terrasse d'un café. Ils attendent leurs amis Jules et Margaux qui sont un peu en retard. Sarah fait aussi la connaissance de Juliette. 🔊 **1-53**

De mémoire

Pas de problème. 問題ないですよ．　**Au fait, ...** ところで，…　**Bien sûr !** もちろん！　**Ah, bon.** あっ，そうですか．
Le / La / Les voici / voilà ! ほら，彼（女）がここにいる / ほら，彼ら（彼女たち）があそこにいる！　**Coucou !** おーい！

Verbes　**avoir** …を持っている / …がある　N° ②　　**parler** 話す　N° ③　　**comprendre** 分かる　N° ④
arriver 到着する　N° ③ → （**parler** と同じ活用）

AU QUOTIDIEN !

I 音声を聞いて，発音してみましょう． Écoutez et répétez.

La communication コミュニケーション 🔊 1-54

Vous parlez français ?　フランス語を話しますか？
– (Oui.) **Un peu.**　– (はい．) 少しは．
– (Oui.) **Assez bien.**　– (はい．) かなり．
– (Oui.) **Très bien.**　– (はい．) とてもよく．
– **Bien sûr !**　もちろんです！

Tu comprends le japonais ?　日本語は分かりますか？
– (Non.) **Pas très bien.**　– (いいえ．) それほどよくは．
– (Non.) **Pas du tout.**　– (いいえ．) 全然．
– (Non.) **Désolé(e).**　– (いいえ．) ごめんなさい．

注意

Parler français. フランス語を話す．（無冠詞）
Comprendre le français. フランス語が分かる．（冠詞）

Les pays / Les langues / Les nationalités
国，言葉（…語）/ 国籍（…人）🔊 1-55

La France	フランス	(le) **français**
L'Allemagne	ドイツ	(l') **allemand**
L'Angleterre	イギリス	(l') **anglais**
L'Espagne	スペイン	(l') **espagnol**
Le Portugal	ポルトガル	(le) **portugais**
L'Italie	イタリア	(l') **italien**
La Suède	スウェーデン	(le) **suédois**
Le Japon	日本	(le) **japonais**
La Chine	中国	(le) **chinois**
La Corée	韓国	(le) **coréen**
Le Vietnam	ベトナム	(le) **vietnamien**
La Russie	ロシア	(le) **russe**

II 音声を聞いて，発音してみましょう． Écoutez et répétez. 🔊 1-56, 57

Modèle 1 : [France / Portugal / Italie]

Vous parlez français ?　あなたはフランス語を話しますか？
– **Assez bien. Et vous ?**　– かなり（話せます）．あなたは？
Un peu. Je suis portugaise.　少しは．私はポルトガル人です．
– **Moi, je suis italien.**　– 私はイタリア人です．

Modèle 2 : [Espagne / Chili / États-Unis]

Tu comprends l'espagnol ?　君はスペイン語は分かるの？
– **Pas très bien. Et toi ?**　– それほどよくは．君は？
Bien sûr ! Je suis chilien.　もちろんさ！僕はチリ人なんだ．
– **Ah, bon. Moi, je suis américain.**　– あぁ，なるほど．僕はアメリカ人だよ．

III 音声を聞き，空欄を埋めて会話文を完成させましょう． Écoutez et complétez les situations. 🔊 1-58, 59

1. [France / Suisse / Angleterre]

Vous comprenez le _____ **?**　フランス語は分かりますか？
– _____ **. Et vous ?**　– はい，少しは．あなたは？
Oui, _____ **. Je suis suisse.**　はい，とてもよく．私はスイス人です．
– **Ah, bon.** _____ **, je suis anglais.**　– あぁ，なるほど．私はイギリス人です．

2. [Chine / Japon]

Vous parlez _____ **?**　中国語は話せますか？
– _____ **.** _____ **.**　– いいえ．全然（話せません）．
Et _____ **?**　それでは日本語は？
– _____ **! Je suis** _____ **.**　– もちろん！私は日本人なんです．

IV ロールプレイをしながら，練習してみましょう． Jouez les rôles !

Le film commence à quelle heure ?

GRAMMAIRE

I 所有形容詞 Les adjectifs possessifs

所有者＼所有物	男単	女単	複
私の	mon	ma (mon)	mes
君の	ton	ta (ton)	tes
彼（女）の	son	sa (son)	ses
私たちの	notre		nos
あなた（方）の	votre		vos
彼ら（彼女たち）の	leur		leurs

> 注意 母音または無音のhで始まる女性単数名詞の前では，mon, ton, son を使います．
> mon amie
> ton université
> son école

🎧 À l'oreille ! 音声を聞いて，文を完成させましょう．Écoutez et complétez. 🔊 1-60

1. Ce n'est pas _____ fille.
2. Voici _____ adresse email.
3. _____ copains sont japonais, Lili ?
4. Ce sont _____ jeux vidéos.

fille	娘
adresse email	メールアドレス
voisin	近所の人（男性）
jeu vidéo	ビデオゲーム

🎧 À vous ! 空欄に適切な語句を入れ，文を完成させましょう．次に音声を聞いて，必要に応じて直しましょう．Complétez les phrases, puis écoutez et corrigez. 🔊 1-61

1. Voici _____ amis japonais. _____ copine Noriko et _____ copain Keï.
   こちらは，私の日本の友人達です．友達のノリコとケイです．

2. Ici, ce sont _____ parents. Là, c'est _____ frère Jean et là, c'est _____ sœur Noé.
   こちらにいるのは，彼のご両親です．あちらは兄のジャンと彼の妹のノエです．

II 疑問形容詞 / 感嘆文 Les adjectifs interrogatifs / L'exclamation

男単	un film français	→	**Quel** film français ?	どのフランス映画のこと？
女単	une jeune prof	→	**Quelle** jeune prof ?	どの若い先生のこと？
男複	des mangas japonais	→	**Quels** mangas japonais ?	どの日本のマンガのこと？
女複	des fleurs rouges	→	**Quelles** fleurs rouges ?	どの赤い花々のこと？

Quel grand pays !	なんて大きな国だろう！	**Quelle** grande ville !	なんて大きな都市だろう！
Quels gentils garçons !	なんて優しい少年たちだろう！	**Quelles** gentilles filles !	なんて優しい少女たちだろう！

🎧 À l'oreille ! 音声を聞いて，文を完成させましょう．Écoutez et complétez. 🔊 1-62

1. C'est ton sac à dos, là ? – _____ sac à dos ?
2. Ce sont tes photos, ici ? – _____ photos ?
3. _____ sont vos nom et prénom ?
4. _____ est votre nationalité ?

sac à dos	リュックサック
photos	写真
nom / prénom	名字 / 名前
nationalité	国籍

🎧 À vous ! 空欄に適切な語句を入れ，文を完成させましょう．次に音声を聞いて，必要に応じて直しましょう．Complétez les phrases, puis écoutez et corrigez. 🔊 1-63

1. Là, dans la rue, c'est _____ voiture _____ ? – _____ voiture ?
   そこの，通りにある（止まっている）のは，誰の車ですか？　　　　　　　　　　– どの車ですか？

2. _____ restaurant est excellent. – C'est vrai. _____ bon resto !
   このレストランはすばらしいです．　　　– その通りですね．なんて良いレストランでしょう！

Ⅲ …もまた – …もまた～ない / 人称代名詞（続き） aussi – non plus / Les pronoms personnels (suite)

肯定	(moi …) **aussi**	*Je suis* étudiant. Et **toi** ? – **Moi aussi.** (*Je suis* étudiant.)	僕は学生です．君は？ – 僕も．（学生です．）
否定	(moi …) **non plus**	*Je ne suis pas* étudiante. Et **toi** ? – **Moi non plus.** (*Je ne suis pas* étudiante.)	私は学生じゃないの．あなたは？ – 私も．（学生じゃないの．）
対比		**Lui**, il est **professeur**. Et **elle** ? – **Elle**, elle est **étudiante**.	彼は先生です．では，彼女は？ – 彼女は学生です．

> **注意** 固有名詞とともに用いられることがあります．
> Léon est brésilien. Et **Marco** ? – **Marco** aussi. レオンはブラジル人です．ではマルコは？ – マルコもだよ．

À l'oreille ! 音声を聞いて，文を完成させましょう．Écoutez et complétez. 🔊 1-64

1. Je suis fan de Madonna. – Moi _____.
2. Maël n'est jamais occupé. – Justine _____.
3. Luda est russe. Et Aliya ? – _____, elle est marocaine.
4. Nous n'avons pas d'ordi. – Nous _____.

fan	ファン
occupé	忙しい
marocain	モロッコ人（の）
ordi(nateur)	パソコン

À vous ! 空欄に適切な語句を入れ，文を完成させましょう．次に音声を聞いて，必要に応じて直しましょう．
Complétez les phrases, puis écoutez et corrigez. 🔊 1-65

1. Je commence _____ 9h00 ce matin. Et _____, Messieurs ? – _____ _____.
   私は今朝，9時に始まります．あなた方，皆さんは？   – 私たちもです．

2. _____, je ne finis pas tôt aujourd'hui. Et _____, Manon ? – _____ _____.
   僕は今日早くには終えられません．君は，マノン？   – 私もです．

Vocabulaire – Expressions 語彙-表現

特殊な複数形： **Monsieur** → **Messieurs**   **Madame** → **Mesdames**   **Mademoiselle** → **Mesdemoiselles**

いろいろな否定形： ne (n') ... pas / ne (n') ... plus / ne (n') ... jamais ≠ toujours

Il ne parle pas à Mia.	彼はミアに話さない．	Il ne parle plus à Mia.	彼はもうミアに話さない．
Il ne parle jamais à Mia.	彼は決してミアに話さない．	Il parle toujours à Mia.	彼はいつもミアに話す．

TEMPS LIBRE

日常的に用いられる語の短縮形を調べて，書きましょう．Retrouvez les abréviations usuelles des mots.

Modèle: un(e) **professeur**(e) 先生 = un(e) prof

un **ordinateur** パソコン	= un _____
une **télévision** テレビ	= une _____
un **restaurant** レストラン	= un _____
un **réfrigérateur** 冷蔵庫	= un _____
un **autobus** バス	= un _____
un **cinéma** 映画	= un _____

♠ 他の短縮形を知っていますか？ Connaissez-vous d'autres abréviations ?

ヴァランタンとジュール，マルゴー，そしてジュリエットは映画を見に行くつもりです．ジュリエットは翌日働くので，彼らといっしょに夕食をとることができません． Valentin, Jules, Margaux et Juliette vont aller voir un film. Juliette ne peut pas dîner avec eux, parce qu'elle travaille le lendemain. 🔊 **1-66**

Verbes   **commencer** 始まる Nº ⑤   **penser** 思う Nº ③   **finir** 終わる Nº ⑥   **manger** 食べる Nº ⑦
travailler 働く Nº ③   **faire** する Nº ⑧   **étudier** 勉強する Nº ⑨

AU QUOTIDIEN !

I 音声を聞いて，発音してみましょう．Écoutez et répétez.

L'heure 時間 ▶p.71 🔊 1-67

Il est quelle heure, s'il vous plaît ? すみません，何時ですか？
– (Il est) 10h00 juste. – ちょうど10時です．

Tu as quelle heure, s'il te plaît ? すみません，何時（か，わかる）？
– 3h00 pile. – 3時ぴったりだよ．

Le film		映画は	
Le concert	**commence à**	コンサートは	何時に始ま
Le cours	**quelle heure ?**	授業は	りますか？
Le match		試合は	

– Ça / Il commence à 2h00. 2時に始まります．

L'émission		番組は	
La soirée	**finit vers**	パーティーは	何時頃終わ
La leçon	**quelle heure ?**	レッスンは	りますか？
La réunion		会合は	

– Ça / Elle finit vers 20h30. – 20時30分頃に終わります．

C'est (trop) tôt. （あまりにも）早いです．
C'est (trop) tard. （あまりにも）遅いです．

Je suis	**à l'heure.**	私は時間通りです．
J'arrive	**en avance.**	私は時間より早いです．
	en retard.	私は遅れて到着します．

Formules de politesse 丁寧な表現 🔊 1-68

Pardon ! すみません！
S'il vous plaît ! お願いします！/すみません！
Excusez-moi. 申し訳ありません．
Désolé(e). ごめんなさい．
Merci beaucoup. ありがとうございます．
Merci. ありがとう．
– Je vous / t'en prie. どういたしまして．
– De rien. – どういたしまして．
– C'est normal. – いいんですよ．/当然です．
– Merci à vous. – あなたに感謝します．
– Merci à toi. – 君に感謝します．

II 音声を聞いて，発音してみましょう．Écoutez et répétez. 🔊 1-69, 70

Modèle 1 :
Il est quelle heure, s'il vous plaît ? すみません，何時ですか？
– Il est juste 1h00. – ちょうど1時です．
Merci beaucoup. ありがとうございます．
– Je vous en prie. – どういたしまして．

Modèle 2 :
Ce cours commence à quelle heure ? この授業は何時に始まるの？
– Il commence à 9h00. – 9時に始まるよ．
Ah, non ! C'est trop tôt pour moi. あぁ，だめだ！僕には早すぎる．
– Pas pour moi. – 僕には早すぎではないけどね．

III 音声を聞き，空欄を埋めて会話文を完成させましょう．Écoutez et complétez la situation. 🔊 1-71

Le concert finit _____ **?** コンサートは何時に終わるの？
– _____ **finit** _____ **11h00.** – 11時頃に終わるわよ．
C'est un peu _____ **. Merci.** 少し遅いのね．ありがとう．
– _____ **.** – どういたしまして．

IV ロールプレイをしながら，練習してみましょう．Jouez les rôles !

I 空欄に適切な語句を入れ，会話文を完成させましょう．次に音声を聞いて，発音してみましょう．
Complétez les situations. Puis écoutez, corrigez et répétez. 🔊 **1-72, 73**

1.
_____, ce parc ?　　その公園は，何公園ですか？
– Où _____ ?　　– どこですか？
Là, _____.　　そこの，右手です．
– C'est _____ Monceau.　　– あれはモンソー公園です．

2.

_____, là-bas ?　　あそこにある，あれは何ですか？
– _____ ça ?　　– どこですか？
Là, _____.　　そこの，正面です．
– _____ un square.　　– あれは小公園です．

II 友達と一緒に，空欄を埋めて会話文を完成させ，声に出して読みましょう．
Ensemble, complétez la situation, puis lisez-la à haute voix. 🔊 **1-74**

Il y a une station _____ ?　　この近くに駅はありますか？
– Oui, _____ Abel.　　– はい，アベル通りに（ありますよ）．
C'est _____ ?　　遠いですか？
– Non, c'est là, _____ vous.　　– いいえ，あなたの前にあります．

III 友達と一緒に上の例にならい，場面を想像して会話文を作りましょう．そして演じてみましょう．
Ensemble, imaginez une situation, suivant les modèles ci-dessus, puis jouez les rôles.

_____ ?
– _____.
_____ ?
– _____.

La ville 都市　　音声を聞いて，発音してみましょう．Écoutez et répétez. 🔊 **1-75**

une rue	通り		dans ...	…の中に	entre ... et ...	…と…の間に
une avenue	大通り		sur ...	…の上に	sous ...	…の下に
un boulevard	大通り		devant (vous)	（あなたの）前に	derrière (toi)	（君の）後ろに
une place	広場		à droite	右に	à gauche	左に
un square	小公園		en haut	上の方に	en bas	下の方に
un quai	河岸	C'est	en face	正面に	tout droit	まっすぐ
un carrefour	交差点		indiqué	表示された	à l'opposé	反対側に
un rond-point	ロータリー		près (d'ici)	（この）近くに	loin (d'ici)	（ここから）遠くに
un pont	橋		à côté (de ...)	（…の）隣に	à deux pas	すぐのところに
un parc	公園		à 100 m (environ)	（約）100メートルのところに		
une allée	小道		à 5 minutes (à pied)	（歩いて）5分のところに		

3·4

MISE EN SCÈNE (4)

I 空欄を埋めて，会話文を完成させましょう．次に音声を聞いて，必要に応じて直し，発音してみましょう．
Complétez les situations, puis écoutez, corrigez et répétez. 🔊 1-76, 77

1. [Louis Perrier]

_____ **vous appelez comment ?**　あなたの名前は何ですか？

– Je m'appelle _____ .　– 私の名前はルイ・ペリエです．

Quelle est votre _____ **?**　職業は何ですか？

– Je suis _____ .　– 教師です．

J'enseigne _____ .　数学を教えています．

2. [Carmen Goya]

Tu t'appelles _____ **?**　名前は何ていうの？

– Je m'appelle _____ .　– カルメン・ゴヤよ．

Tu fais _____ **dans la vie ?**　仕事は何をしているの？

– Je suis _____ .　– 学生よ．

J'étudie _____ .　音楽を勉強しているのよ．

II 隣の友達に質問してみましょう．さまざまな人物像を作り上げて，異なる国籍や職業で練習してみましょう．
Posez des questions à votre voisin(e). Imaginez différents personnages, différentes nationalités et professions.

_____ **?**

– _____ .

_____ **?**

– _____ .

_____ .

Les spécialités – Les professions 専門分野 – 職業

音声を聞いて，発音してみましょう．Écoutez et répétez. 🔊 1-78

Tu fais / Vous faites quoi dans la vie ? – Je suis étudiant(e). 仕事は何をしているのですか？ – 学生です．

Je suis étudiant(e) en droit / français / histoire / économie / commerce / littérature ...

法学（部）/ フランス語（学科）/ 史学（科）/ 経済学（部）/ 商学（部）/ 文学（部）… の学生です．

J'enseigne …を教える.	la littérature.	文学		fonctionnaire.	公務員
	le français.	フランス語		photographe.	カメラマン
	la musique.	音楽		professeur(e).	教員
	l'économie.	経済	**Je suis**	cuisinier(〜ière).	料理人
J'étudie …を勉強する.	l'informatique.	情報処理		musicien(ne).	ミュージシャン
	l'architecture.	建築		serveur(〜euse).	ウエイター（ウエイトレス）
	les mathématiques.	数学		employé(e) de bureau.	会社員

Je fais des petits boulots.　アルバイトをしています．
Je donne des cours privés.　家庭教師をしています．
Je travaille à temps partiel.　パートで働いています．

Je travaille dans
… で働いています．

une supérette.　コンビニ
un resto.　レストラン
une boulangerie.　パン屋

Paris n'est pas la France !

パリだけがフランスではない！

友達と一緒に，下のリストにあるフランスの**12**都市を地図上で見つけて，例にならい番号を振りましょう．
Ensemble, retrouvez sur la carte les 12 villes françaises de la liste ci-dessous, puis numérotez-les, suivant le modèle.

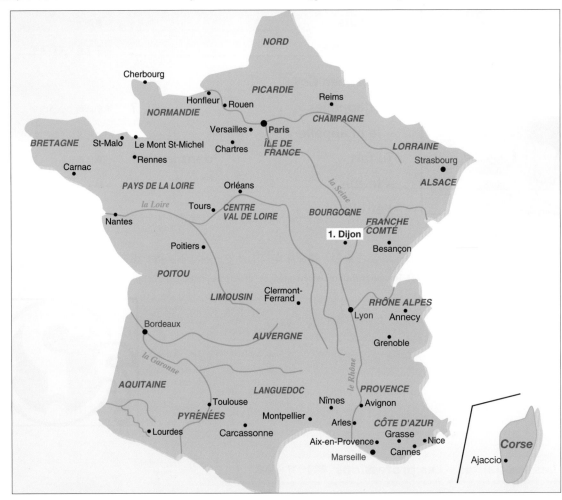

Modèle	**1.** *Dijon*	美食（ブルゴーニュ・カタツムリ，ワイン，マスタード等）で有名な町．

2.	**Versailles**	フランス国王の住まいであったヴェルサイユ宮殿が有名．
3.	**Aix-en-Provence**	画家ポール・セザンヌが描いたサント・ヴィクトワール山で有名な町．
4.	**Tours**	ロワール川流域にある町で，アンボワーズ城やシャンボール城などの古城からも遠くない．
5.	**Avignon**	1309年から1377年まで教皇庁がおかれ，「アヴィニョンの橋の上で」の歌で知られる．
6.	**Ajaccio**	別名「美の島」とも呼ばれるコルシカ島にある，ナポレオン・ボナパルト生誕の地．
7.	**Saint-Malo**	世界遺産にも登録されたモン・サン・ミシェルの近くにある城塞都市．
8.	**Carcassonne**	3キロにも及ぶ二重の城壁と52の塔で有名な，ヨーロッパ最大の城塞都市．
9.	**Grasse**	世界的な香水の都と言われる町．カンヌやアンティーブからも近い．
10.	**Nîmes**	古代ローマ時代から栄えた町で，円形劇場が有名．アルルからも近い．
11.	**Annecy**	オート・サヴォワ県の県庁所在地で，町はフランス・アルプスの真珠とも呼ばれている．
12.	**Reims**	フランス歴代国王の戴冠式が行われたノートル・ダム大聖堂で有名．
13.	**Orléans**	ジャンヌ・ダルクがイングランド軍の包囲から町を救ったことで有名．

Les monuments de Paris

パリのモニュメント

エッフェル塔はフランス革命100周年を記念するパリ万国博覧会にあわせ，ギュスターヴ・エッフェルの設計によって建てられました．高さが324（現在は330）メートルあり，建設当時，世界でもっとも高い建物でした．エッフェル塔から旧陸軍士官学校までは，緑の芝生が美しいシャン・ド・マルス公園が広がっています．2000年には敷地内に平和の壁が建てられ，各国の言語で「平和」の文字が刻まれています．シャン・ド・マルス公園の近くにはシャイヨ宮やイエナ橋，軍学校のエコール・ミリテールがあります．

エトワール凱旋門は，シャンゼリゼ大通りなど複数の通りが放射状に交差するシャルル・ド・ゴール広場に位置しています．1805年にアウステルリッツの戦いに勝利したナポレオンが建設を命じ，1836年に完成しました．オペラ座と言えば，青銅のドームと黄金色の彫刻で有名な**オペラ・ガルニエ**を思い起こされることと思います（1875年完工）．しかしパリには1989年に竣工した近代オペラ座の**オペラ・バスティーユ**も存在します．ガルニエでは現在も観劇を楽しむことができ，主にバレエが上演され，一方のバスティーユではオペラが上演されることが多いです．

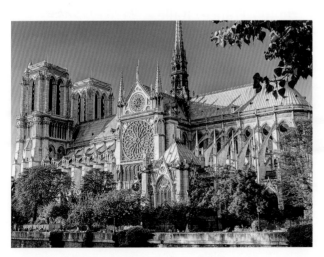

ノートル・ダム大聖堂はゴシック建築の代表作で，周辺地域のセーヌ川沿いの一画とともに，ユネスコの世界遺産に登録されています．バラ窓と呼ばれるステンドグラスが圧巻です．1831年に出版されたヴィクトル・ユゴーの小説『ノートル゠ダム・ド・パリ』は，大聖堂から着想を得て書かれた作品です．

サクレ・クール寺院はモンマルトルの丘にそびえる白亜の寺院で，国内最大のモザイクの装飾が施されています．高台にあるサクレ・クール寺院の展望ドームから一望できるパリの景色も素晴らしいです．

Leçon 5 — C'est férié, aujourd'hui.

I 動詞 aller / 前置詞 à / 縮約形 (1) Le verbe ALLER / La préposition À / Les formes contractées (1)

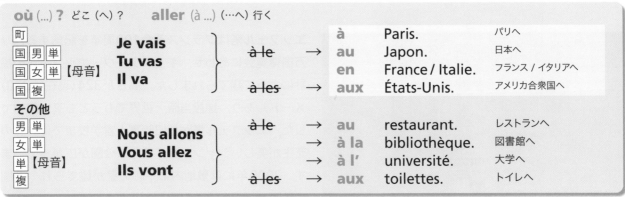

où (...) ? どこ（へ）？　　**aller (à ...)** (…へ) 行く

町	Je vais		à	Paris. パリへ
国男単	Tu vas	à le →	au	Japon. 日本へ
国女単【母音】	Il va		en	France / Italie. フランス / イタリアへ
国複		à les →	aux	États-Unis. アメリカ合衆国へ
その他				
男単	Nous allons	à le →	au	restaurant. レストランへ
女単	Vous allez	→	à la	bibliothèque. 図書館へ
単【母音】	Ils vont	→	à l'	université. 大学へ
複		à les →	aux	toilettes. トイレへ

注意　chez Franck フランクの家に・へ・で　　en Normandie ノルマンディーに・へ・で

À l'oreille ! 音声を聞いて，文を完成させましょう．Écoutez et complétez. 1-79

1. Elle ne va pas _____ fête ce soir ?
2. Tu vas _____ ? – Je vais _____ toilettes.
3. Je ne vais pas _____ marché aujourd'hui.
4. Les enfants vont _____ école.

fête	パーティー
toilettes	トイレ
marché	市場
école	学校

À vous ! 空欄に適切な語句を入れ，文を完成させましょう．次に音声を聞いて，必要に応じて直しましょう．Complétez les phrases, puis écoutez et corrigez. 1-80

1. _____ allez-vous en vacances cet été ? – On va _____ Corée et _____ Japon.
   今年の夏は，ヴァカンスにどこへ行きますか？　　– 私たちは韓国と日本へ行きます．
2. Allô ! Naomi ? Ça va ? Tu es _____ ? – Je suis _____ Lyon, _____ des amis.
   もしもし！ナオミ？元気？どこにいるの？　　– リヨンよ，友達の家にいるの．

II 動詞 venir / 前置詞 de / 縮約形 (2) Le verbe VENIR / La préposition DE / Les formes contractées (2)

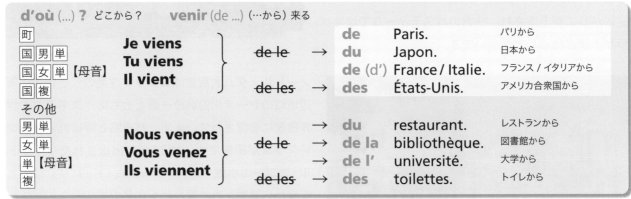

d'où (...) ? どこから？　　**venir (de ...)** (…から) 来る

町	Je viens		de	Paris. パリから
国男単	Tu viens	de le →	du	Japon. 日本から
国女単【母音】	Il vient		de (d')	France / Italie. フランス / イタリアから
国複		de les →	des	États-Unis. アメリカ合衆国から
その他				
男単	Nous venons	→	du	restaurant. レストランから
女単	Vous venez	de le →	de la	bibliothèque. 図書館から
単【母音】	Ils viennent	→	de l'	université. 大学から
複		de les →	des	toilettes. トイレから

注意　venir de ＋場所 …の出身です：Vous **venez d'**où ? – (Je **viens**) **Du** Japon. Je suis Japonais(e).
　　　　　　　　　　　　　どちらのご出身ですか？　– 日本（の出身）です．私は日本人です．
　　　venir / revenir de chez ＋人 …の家から来る / 帰宅する：(Il **revient**) **De chez** Louis. (彼は) ルイの家から (帰宅する).

À l'oreille ! 音声を聞いて，文を完成させましょう．Écoutez et complétez. 1-81

1. Elle revient _____ ? – Elle revient _____ poste.
2. Ils viennent _____, ces jeunes ? – Ils viennent _____ Pays-Bas.
3. Tu reviens _____ toi ? – Non, _____ gymnase.
4. _____ est-ce que vous venez ? – _____ mon dentiste.

poste	郵便局
Pays-Bas	オランダ
gymnase	ジム
dentiste	歯医者

À vous ! 音声を聞いて，文を完成させましょう．Écoutez et complétez. 🔊 1-82

1. Laure revient _____ ? _____ lycée ? – Non, elle revient _____ bibliothèque.
   ロールはどこから帰宅しますか？高校からですか？　　　– いいえ，図書館から帰宅します．

2. Ils rentrent _____ États-Unis ? – Non, ils rentrent _____ Canada, _____ Montréal.
   彼らはアメリカ合衆国から戻るのですか？　　– いいえ，彼らはカナダから，モントリオールから戻ります．

Verbes **revenir** 帰宅する / 戻ってくる N° ⑪　　**rentrer** 帰る・戻る N° ③

Ⅲ 近接未来 Le futur proche

aller ＋不定詞　　近接未来：…するところです

Yumi appelle Marie à quelle heure ?
– Elle va appeler Marie vers 10h00.
ユミは何時にマリーに電話をしますか？
– 彼女は10時頃にマリーに電話をするつもりです．

Le film commence quand ?
– Il va commencer dans 10 minutes.
映画はいつ始まりますか？
– 映画は10分後に始まります．

否定 Tu vas au bureau cet après-midi ?
– Non, je **ne** vais **pas** aller au bureau.
今日の午後，君は会社へ行くの？
– いいや，会社へ行くつもりはないよ．

À l'oreille ! 音声を聞いて，文を完成させましょう．Écoutez et complétez. 🔊 1-83

1. Vous revenez quand à Paris ? – Nous allons _____ bientôt.
2. Ils appellent quand ? – Ils vont _____ dans la soirée.
3. On commande tout de suite ? – OK. On va _____ tout de suite.
4. Tu restes longtemps ? – Non, je ne vais pas _____ longtemps.

bientôt	もうすぐ
dans la soirée	夜に
tout de suite	すぐに
longtemps	長い間

À vous ! 空欄に適切な語句を入れ，文を完成させましょう．次に音声を聞いて，必要に応じて直しましょう．Complétez les phrases, puis écoutez et corrigez. 🔊 1-84

1. Tu es _____ maison, à midi ? – Non, je vais _____ avec des amis.
   お昼は家にいるの？　　　– いいや，友達と一緒に食べるつもりだよ．

2. Vous allez étudier _____ Jean ? – Non, on va _____ à des jeux vidéos.
   あなたたちはジャンの家で勉強をするつもりですか？– いいえ，僕たちはビデオゲームで遊ぶつもりです．

Verbes **appeler** 電話をする N° ⑫　　**commander** 注文する N° ③
rester 滞在する / 留まる N° ③　　**jouer** 遊ぶ N° ⑬

Vocabulaire – Expressions 語彙-表現

aujourd'hui 今日 → **ce** matin 今朝　　**cet** après-midi 今日の午後
ce soir 今晩　　**cette** nuit 今夜
♠ **cette** semaine 今週　　**ce** mois-ci 今月　　**cette** année 今年

demain 明日 → **demain** matin 明日の朝　**demain** après-midi 明日の午後　**demain** soir 明日の晩

dans : **dans** dix minutes 10分後に　**dans** une heure 1時間後に　**dans** deux jours 2日後に
dans une semaine 1週間後に　**dans** un mois 1か月後に　**dans** un an 1年後に

prochain(e) : lundi **prochain**　la semaine **prochaine**　le mois **prochain**　l'année **prochaine**
来週（今度）の月曜日　来週　来月　来年

フランスでは5月1日は労働祭で，祝日です．この日は，働きません．ヴァランタンはジュリエットの家に行きます．

Le 1er mai en France, c'est la fête du Travail. C'est un jour férié. On ne travaille pas ce jour-là. Valentin va chez Juliette. 🔊 1-85

De mémoire

Ben... えっと…	**..., voyons.** …なんだよ．	**C'est vrai.** 本当ですね．	**Pas possible.** できません．無理です．
Pourquoi ? どうして？	**Parce que (qu')...** なぜなら…だから		**Ah, zut alors !** ああ，なんだ残念だ！

Verbes   **aller** 行く N° ⑩   **venir** 来る N° ⑪   **déjeuner** 昼食をとる N° ③   **passer** 過ごす N° ③

AU QUOTIDIEN ! ●

Ⅰ 音声を聞いて，発音してみましょう． *Écoutez et répétez.*

Le calendrier カレンダー・暦 🔊)) 1-86, 87	**Les mois de l'année** 月名 🔊)) 1-88		
On est quel jour (aujourd'hui) ?（今日は）何曜日ですか？	**janvier** 1月	**février**	2月
– (On est) **Lundi.** – 月曜日です．	**mars** 3月	**avril**	4月
Quelle est la date ? 日付は何日ですか？	**mai** 5月	**juin**	6月
– (C'est) **Le 1er octobre.** – 10月1日です．	**juillet** 7月	**août**	8月
On est le combien ? 何日ですか？	**septembre** 9月	**octobre**	10月
– (On est) **Le 2 juin.** – 6月2日です	**novembre** 11月	**décembre**	12月

Nous sommes en quel mois ? 何月ですか？　**C'est quand, votre anniversaire ?** あなたの誕生日は，いつですか？
– (Nous sommes) **En mai.** – 5月です．　– **C'est le 16 mars.** – 3月16日です．

C'est férié. 祝日です．　**C'est congé.** 休みです．　**C'est fermé.** 閉店しています．　**C'est ouvert.** 営業しています．

Les jours de la semaine 曜日 🔊)) 1-89

lundi 月曜日　**mardi** 火曜日　**mercredi** 水曜日　**jeudi** 木曜日　**vendredi** 金曜日　**samedi** 土曜日　**dimanche** 日曜日

Les nombres ordinaux 序数 🔊)) 1-90

1er premier (～ ère)　**2e** deuxième　**3e** troisième　**4e** quatrième　**5e** cinquième
6e sixième　**7e** septième　**8e** huitième　**9e** neuvième　**10e** dixième ...

Ⅱ 音声を聞いて，発音してみましょう． *Écoutez et répétez.* 🔊)) 1-91, 92

Modèle 1 :
C'est quand l'anniversaire de Jo ? ジョーの誕生日はいつ？
– En février. – 2月よ．
Le combien ? 何日？
– Euh... Le 19 ou le 20. – えっと…19日か20日よ．

Modèle 2 :
On est quel jour aujourd'hui ? 今日は何曜日だっけ？
– Mardi. Le 1er mai. – 火曜日よ．5月1日．
Ah, Oui ! C'est férié. あぁ，そうだ！祝日だ．
– Donc, c'est fermé. – だから，閉店しているのね．

Ⅲ 音声を聞き，空欄を埋めて会話文を完成させましょう． *Écoutez et complétez les situations.* 🔊)) 1-93, 94

1.
Quelle est la _____, aujourd'hui ? 今日は，何日ですか？
– Le _____. – 5月16日です．
Et on est _____ ? それで，何曜日ですか？
– _____. – 金曜日です．

2.
Nous sommes _____ ? （今は）何月ですか？
– En _____. – 2月です．
Et nous sommes _____ ? では，何日ですか？
– Le _____. – 2月20日です．

Ⅳ ロールプレイをしながら，練習してみましょう． *Jouez les rôles !*

On prend un verre ?

I 部分冠詞 Le partitif

男単		le vin.	ワイン		du vin.
女単	**J'aime**	la bière.	ビール	**Je bois**	de la bière.
【母音】	私は…が好き.	l'eau gazeuse.	炭酸水	私は…を飲む.	de l'eau gazeuse.
複		les boissons bio.	オーガニック飲料		des boissons bio.

aimer や préférer は不定詞とともに用いることができます.

J'aime cuisiner, mais **je préfère** manger.　私は料理をするのも好きですが，食べる方が好きです.

注意　不定冠詞及び部分冠詞 un, une, des, du, de la, de l' は否定文では de (d') となります.
Je ne bois pas **de** vin / **d'**alcool.　私はワイン / アルコール飲料を飲みません.

À l'oreille !　音声を聞いて，文を完成させましょう．Écoutez et complétez. 🔊 2-01

1. Je bois ＿＿＿＿＿＿ limonade.
2. Elle mange ＿＿＿＿＿＿ chocolat.
3. Yvan aime boire ＿＿＿＿＿＿ tisanes.
4. On ne mange jamais ＿＿＿＿＿＿ pâtes.

limonade	レモンソーダ
chocolat	チョコレート
tisane	ハーブティー
pâtes	スパゲッティ / パスタ

À vous !　空欄に適切な語句を入れ，文を完成させましょう．次に音声を聞いて，必要に応じて直しましょう.
Complétez les phrases, puis écoutez et corrigez. 🔊 2-02

1. Tu aimes ＿＿＿＿＿＿ riz, Mathieu ? – Oui, j'aime ＿＿＿＿＿＿, mais je préfère ＿＿＿＿＿＿ pain.
マチュー，君はお米は好きなの？　　　　　　　　－ああ，好きだよ，でも，パンの方が好きだよ.

2. Nina boit ＿＿＿＿＿＿ vin ou ＿＿＿＿＿＿ eau minérale à table ? – Elle préfère ＿＿＿＿＿＿ jus de fruits.
ニナは食卓ではワインを飲むのですか，それともミネラル・ウォーターを飲むのですか？　– 彼女はフルーツ・ジュースの方が好きです.

Verbes　**aimer** …が好き N° ③　**boire** 飲む N° ⑮　**cuisiner** 料理をする N° ③　**préférer** より好む N° ⑭

II 代名詞 en ＋ 数量表現　Le pronom EN + Les quantitatifs

un		**un** portable ?	携帯電話		**un**.	1台
une	Vous avez	**une** amie ?	友達		**une**.	1人
des	…を持っていますか？	**des** enfants ?	子どもたち	– Oui, j'**en** ai	deux.	2人
du (de l')	…がありますか？	**du** sucre ?	砂糖		un paquet.	1袋
de la (de l')		**de** la bière ?	ビール		une bouteille.	1瓶

否定 : Tu as **des** DVD ? – Non, je n'**en** ai pas. DVDは持っている？ – いいえ，ないわ.

Les quantitatifs　数量表現

beaucoup de (d') ...	多くの…	**un peu** de (d') ...	少しの…	**100 grammes** de (d') ...	100グラムの…
un kilo de (d') ...	1キロの…	**un litre** de (d') ...	1リットルの…	**un mètre** de (d') ...	1メートルの…
un paquet de (d') ...	1袋の…	**une boîte** de (d') ...	1箱の…	**un verre** de (d') ...	1杯の…

Tu bois **du** café le matin ?　　　朝はコーヒーを飲むの？
– Oui, j'**en** bois **une** ou **deux** tasses. – うん，1杯か2杯ね.

Combien de (d') ... ? いくつの…? どれくらいの…? 何人の…?

Il y a **combien de** lignes de métro à Tokyo ?　　東京には地下鉄の路線が何本ありますか？
– Il y **en** a **beaucoup**.　　　　　　　　　　　　– たくさんありますよ．

Tu as **combien d'**amis français au Japon ?　　君は日本にフランス人の友達が何人いるの？
– J'**en** ai **trois** ou **quatre**.　　　　　　　　– 3人か4人いるよ．

À l'oreille !　音声を聞いて，文を完成させましょう．Écoutez et complétez. 🔊 2-03

1. _____ cidre ? – Ils _____ boivent parfois.
2. _____ salade ? – Ils n' _____ mangent jamais.
3. _____ biscuits ? – On _____ a _____ boîte.
4. _____ huile ? – J' _____ ai _____ bouteille.

cidre	シードル
salade	サラダ
biscuit	クッキー
huile	油

À vous !　空欄に適切な語句を入れ，文を完成させましょう．次に音声を聞いて，必要に応じて直しましょう．
Complétez les phrases, puis écoutez et corrigez. 🔊 2-04

1. Tu as _____ travail, Maya ? – Oui, j' _____ ai _____ en ce moment.
　マヤ，仕事は多いの？　　　　　　　　　　　　　　– ええ，今は多いのよ．

2. Vous avez _____ enfants ? – Nous _____ avons deux. _____ garçon et _____ fille.
　あなた方はお子さんは何人いますか？　　　　　　– 2人います．男の子1人と女の子1人です．

Ⅲ 質問に対する返答：「はい」「いいえ」（否定文の場合の使い方に注意）OUI – SI ≠ NON

肯定疑問文

Tu es japonais ? – **Oui.** (Je suis japonais.) / – **Non.** (Je ne suis pas japonais.)

君は日本人？ –はい．（日本人です．）/–いいえ．（日本人ではありません．）

否定疑問文

Tu n'es pas japonais ? – **Si.** (Je suis japonais.) / – **Non.** (Je ne suis pas japonais.)

君は日本人ではないのですか？ –いいえ．（日本人です．）/–はい．（日本人ではありません．）

À l'oreille !　音声を聞いて，文を完成させましょう．Écoutez et complétez. 🔊 2-05

1. C'est bon, ça ? – _____, c'est délicieux.
2. C'est Marco, là-bas ? – _____, c'est son cousin.
3. Tu ne viens pas à la fête ? – _____, je viens.
4. Ce n'est pas chaud ? – _____, c'est froid.

délicieux	おいしい
cousin	従兄弟
fête	パーティー
chaud / froid	暑い / 寒い

À vous !　空欄に適切な語句を入れ，文を完成させましょう．次に音声を聞いて，必要に応じて直しましょう．
Complétez les phrases, puis écoutez et corrigez. 🔊 2-06

1. Aude, tu manges _____ maison ce soir ? – _____. Je vais _____ ciné _____ des amis.
　オード，今夜は家で食べるの？　　　　　　　　　– いいえ．友達と映画へ行くわ．

2. Il ne va pas _____ France cet été ? – _____. Il va rester un mois _____ Normandie.
　この夏，彼はフランスに行かないの？　　　　　　– いいえ．ノルマンディーに1ヵ月滞在するつもりですよ．

Vocabulaire – Expressions 語彙‐表現

parfois = **de temps en temps** 時々　　　**souvent** よく ≠ **ne ... pas souvent** あまり（頻繁には）…ない
toujours いつも ≠ **(ne) ... jamais** 一度も…ない　　**rarement** めったに…ない　　**encore** まだ

Tu vas au ciné le week-end ? – (Oui.) **Parfois.**　　週末は映画に行く？ –（うん，）時々ね．
Et au théâtre ? – (Non.) **Pas souvent.**　　　　　　それで劇場には？ –（いいや，）あまり行かないな．

Vous êtes **encore** étudiant ? – Oui, **encore.**　　あなたはまだ学生ですか？ –はい，まだ．

ジュリエットとヴァランタンはスーパーマーケットにいます．買い物の後に，彼らはカフェに寄って一杯飲むつもりです．Juliette et Valentin sont dans un supermarché. Après les courses, ils vont aller prendre un verre dans un café. 🔊 **2-07**

AU QUOTIDIEN !

I 音声を聞いて，発音してみましょう．*Écoutez et répétez.*

Demander / Proposer 尋ねる / 提案する 🔊 2-08	
Tu as soif ?	喉が渇いてる？
– **Oui** (, un peu).	– うん（，少し）．
Vous avez faim ?	お腹が空いていますか？
– **Non** (, pas trop).	– いいえ（，それほどでは）．
On prend un verre ?	一杯飲みますか？
On va déjeuner ?	お昼に行きますか？
– D'accord.	– いいよ．
– Volontiers.	– いいですとも．
– Avec plaisir.	– 喜んで．
Vous buvez un café ?	コーヒーを飲みますか？
– Oui, merci.	– はい，ありがとう．
– Non, merci.	– いいえ，結構です．

Aimez-vous ... ? …が好きですか？ 🔊 2-09

J'adore ⎫ **le** thé vert.	緑茶が大好きです．
J'aime ⎬ **la** bière.	ビールが好きです．
Je déteste ⎬ **l'**alcool.	アルコール飲料が大嫌いです．
Je préfère ⎭ **les** jus de fruits.	フルーツ・ジュースの方が好きです．
Tu aimes **le cinéma** ?	映画は好き？
– J'adore **ça**.	– 大好きです．
Vous aimez **voyager** ?	旅行するのは好きですか？
– Oui, j'aime beaucoup **ça**.	– はい，とても好きです．
Vous aimez **travailler** ?	仕事をするのは好きですか？
– Non, je n'aime pas **ça**.	– いいえ，好きではありません．
Vous aimez **les glaces** ?	アイスクリームは好きですか？
– Je préfère **les sorbets**.	– シャーベットの方が好きです．

Adverbes 副詞 🔊 2-10	bien	beaucoup	assez	vraiment	ne ... pas trop	ne ... pas du tout
	とても・よく	大いに・とても	十分に	ほんとうに	あまり…ない	全然…ない

J'aime **beaucoup** le thé vert. 緑茶がとても好きです． Je n'aime **pas du tout** ça. それが全然好きじゃありません．

II 音声を聞いて，発音してみましょう．*Écoutez et répétez.* 🔊 2-11, 12

***Modèle 1* :**

Tu aimes les gâteaux, n'est-ce pas ?	君は，ケーキは好きだよね？
– Bien sûr ! J'aime beaucoup ça.	– もちろん！とても好きよ．
Et les glaces ?	アイスクリームは？
– Je préfère les sorbets.	– シャーベットの方が好きよ．

***Modèle 2* :**

Tu prends un café aussi ?	きみもコーヒーを飲む？
– Je n'en bois jamais.	– 全く飲まないの．
Tu veux autre chose ?	他の（飲み物）が欲しいかい？
– Non, merci.	– いいえ，大丈夫よ．

III 音声を聞き，空欄を埋めて会話文を完成させましょう．*Écoutez et complétez les situations.* 🔊 2-13, 14

1.

J'ai _____. Pas toi ?	喉が渇いたな．君は渇かない？
– _____.	– 僕もだよ．
_____ une brasserie là-bas.	あそこにブラッスリーがあるね．
– _____. Allons-y.	– いいね，そこへ行こう．

2.

Tu as _____, Mona ?	モナ，お腹が空いてる？
– Oui, _____.	– ええ，少し．
On _____ là ?	そこでお昼にしようか？
– _____.	– いいですとも．

IV ロールプレイをしながら，練習してみましょう．*Jouez les rôles !*

I 空欄を埋めて，会話文を完成させましょう．次に音声を聞いて必要に応じて直し，発音してみましょう．
Complétez les situations, puis écoutez, corrigez et répétez. 🔊 **2-15, 16**

1.
Vous êtes _____ **?** 病気なんですか？
– **Oui. J'ai** _____ **.** – はい，風邪を引いています．
Vous avez _____ **?** 熱はありますか？
– **Non, mais j'ai mal** _____ – いいえ，でも頭が痛いです．

2.
_____ **, Alexia ?** 元気じゃないの，アレクシア？
– **Non,** _____ **.** – そうなの，元気じゃないの．
Tu as mal _____ **?** 喉が痛いの？
– **Oui. Et je** _____ **aussi.** – ええ．それに咳も出るの．

II 友達と一緒に，空欄を埋めて会話文を完成させ，声に出して読みましょう．
Ensemble, complétez la situation, puis lisez-la à haute voix. 🔊 **2-17**

Tu as mal _____ **, Louis ?** お腹が痛いの，ルイ？
– **Oui, et** _____ **aussi.** – うん，胃も痛いんだ．
C'est peut-être _____ **.** 胃腸炎かもしれないわね．
– **Je vais voir** _____ **.** – 医者に診てもらいに行くよ．

III 友達と一緒に上の例にならい，場面を想像して会話文を作りましょう．そして演じてみましょう．
Ensemble, imaginez une situation, suivant les modèles ci-dessus, puis jouez les rôles.

_____ **?**
– _____ **.**
_____ **?**
– _____ **.**

La santé 健康　　音声を聞いて，発音してみましょう．Écoutez et répétez. 🔊 **2-18**

Ça va ?	元気？	**Où avez-vous mal ?**	どこが痛いですか？
– **Oui, ça va.**	–ああ，元気だよ	**à la tête.**	頭
– **Oui, pas de problème.**	–ああ，問題ないよ．	**à la gorge.**	喉
Ça ne va pas ?	元気じゃないの？	**à l'estomac.**	胃
– **Si, ça va.**	–いや，元気だよ．	**au ventre.**	お腹
– **Non, j'ai de la fièvre.**	–うん，熱があるんだ．	– **J'ai mal** **au dos.**	背中
– **Non, j'ai un (gros) rhume.**	–うん，（ひどい）風邪を引いているんだ．	**aux dents.**	歯　が痛いです．
– **Non, j'ai la grippe.**	–うん，インフルエンザにかかっているんだ．	**aux jambes.**	脚
– **Non, j'ai une gastro.**	–うん，胃腸炎にかかっているんだ．	**aux pieds.**	足
Vous êtes malade ?	病気ですか？		
– **Non, je vais bien. Merci.**	–いいえ，元気です．ありがとう．	**Je vais voir un docteur.**	医者に診てもらいに行きます．
– **Oui, je tousse (un peu).**	– はい，（少し）咳が出ます．	**Je vais chez le dentiste.**	歯医者に行きます．
		Je vais à l'hôpital.	病院へ行きます．

MISE EN SCÈNE (6)

● ●

I 空欄を埋めて，会話文を完成させましょう．次に音声を聞いて，必要に応じて直し，発音してみましょう．
Complétez les situations, puis écoutez, corrigez et répétez. 🔊 2-19

Pour le petit déjeuner, on achète _____ ?   朝食用には，何を買おうか？

– _____ **et** _____ .   –コーヒーと牛乳ね.

_____ **et** _____ ?   ジャムと卵は？

– **Bien sûr ! Et** _____ **aussi.**   –もちろん！それからパンもね！

II 友達と一緒に，空欄を埋めて会話文を完成させ，声に出して読みましょう．
Ensemble, complétez la situation, puis lisez-la à haute voix. 🔊 2-20

Pour le dîner, _____ ?   夕食は，肉にしますか？

– **Ah, oui !** _____ **rôti.**   –ああ, そうですね! ローストチキンにします.

Comme dessert, _____ ?   デザートは，ケーキにしますか？

– **Je préfère** _____ .   –僕はフルーツの方が好きです.

III 友達と一緒に上の例にならい，場面を想像して会話文を作りましょう．そして演じてみましょう．
Ensemble, imaginez une situation, suivant les modèles ci-dessus, puis jouez les rôles.

_____ ?
– _____ .
_____ ?
– _____ .

L'alimentation 食料品   音声を聞いて，発音してみましょう．Écoutez et répétez. 🔊 2-21

Qu'est-ce qu'on achète ... ? …で何を買いますか？

... à la supérette コンビニで

de l'huile	油
du vinaigre	酢
du sel	塩
du poivre	胡椒
de la moutarde	マスタード
du café	コーヒー
du thé	紅茶
du lait	牛乳
du beurre	バター
du sucre	砂糖
du fromage	チーズ
de la confiture	ジャム
des œufs	卵
des conserves	缶詰

... à la boulangerie-pâtisserie パン屋兼ケーキ屋で

une baguette	バゲット	des viennoiseries	菓子パン
un croissant	クロワッサン	une brioche	ブリオッシュ
un pain aux raisins	レーズンパン	un pain au lait	ミルクパン
un sandwich	サンドイッチ	un pain de seigle	ライ麦パン
un gâteau	ケーキ	une tarte	タルト
des macarons	マカロン	des biscuits	ビスケット・クッキー

... à l'hypermarché 大型スーパーマーケットで

de la viande (du bœuf, du poulet, ...)	肉（ビーフ, チキン, …）
de la charcuterie (du jambon, des saucisses, ...)	豚肉製品（ハム, ソーセージ…）
du poisson (du thon, du saumon, ...)	魚（マグロ, サーモン）
des légumes (une tomate, un chou, ...)	野菜（トマト, キャベツ…）
des fruits (un melon, une pomme, ...)	果物（メロン, リンゴ…）
des surgelés (des produits de la mer, ...)	冷凍食品（海鮮品…）
des produits laitiers (un yaourt, une glace, ...)	乳製品（ヨーグルト, アイス…）

Visitons Paris !

パリを訪れてみましょう！

下の地図上で，示されたモニュメントや場所を見つけて，例にならい会話文を完成させましょう．

Retrouvez sur le plan ci-dessous les monuments et lieux indiqués, puis complétez, suivant les modèles.

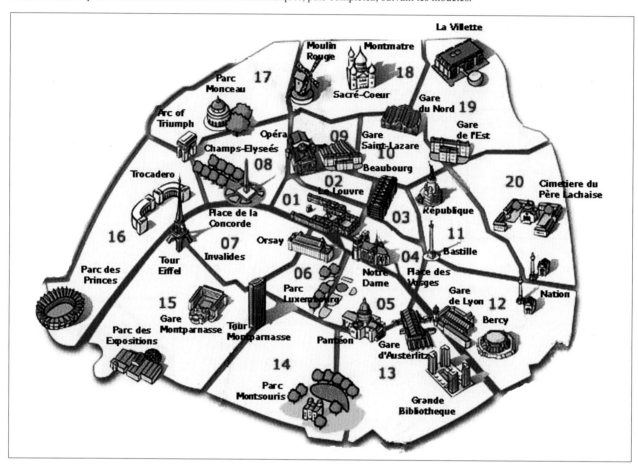

Exercice 1

Modèle 1 Dans quel arrondissement est la tour Eiffel ?
– Dans le 7ᵉ (arrondissement).

何区にエッフェル塔がありますか？
– 7区です．

Modèle 2 Dans quel arrondissement sont les Champs-Élysées ?
– Dans le 8ᵉ (arrondissement).

何区にシャンゼリゼ（大通り）がありますか？
– 8区です．

1. _____ le musée du Louvre ?
   – _____.

2. _____ les Invalides ?
   – _____.

Exercice 2 : 下に示された場所を使って，上の練習問題を声に出してやってみましょう．

Refaites l'exercice à haute voix avec les lieux indiqués ci-dessous.

1. L'Arc de Triomphe   2. La basilique du Sacré-Cœur   3. La cathédrale Notre-Dame
4. Le Trocadéro   5. Le musée d'Orsay   6. Le cimetière du Père Lachaise

À vous ! 上の例にならい，好きなモニュメントや場所を選んで，隣の友達に質問してみましょう．Choisissez un monument ou lieu de votre choix et posez la question à votre voisin(e), suivant les modèles ci-dessus.

Les promenades
プロムナード

サクレ・クール寺院が建つ**モンマルトルの丘**には，19世紀半ばから多くの芸術家や作家が移り住むようになりました．現在では，寺院の裏手にある**テルトル広場**に似顔絵を描くアーティストが集まり，観光名所となっています．**シャンゼリゼ大通り**は，オベリスクの置かれているコンコルド広場から，凱旋門の建つシャルル・ド・ゴール広場までをつなぐ目抜き通りで，有名カフェやブランド店が建ち並んでいます．世界最大の自転車レースであるツール・ド・フランスの最終日には，シャンゼリゼがゴールとなり，多くの声援者で歩道が埋め尽くされます．

パリはセーヌ川を挟んで右岸と左岸に発展した街ですが，**シテ島**および**サン・ルイ島**と呼ばれる中洲があります．シテ島は，パリの起源となるガリア系のパリシイ族が移り住んだ場所で，ここにノートル・ダム大聖堂も位置します．パリの北東端にある**ラ・ヴィレット公園**内には科学産業博物館や，音楽博物館，コンサート会場，大ホール，映画館などが併設され，週末には多くの家族連れが訪れる憩いの場となっています．一際目を引くのが，**ラ・ジェオード**と呼ばれる巨大な球状の建物です．鏡面仕上げをしたラ・ジェオードは，オムニマックス・シアターとなっており，**1985**年の開館時から，世界に先駆けて**3D**映像を楽しむことができます．公園を横断するウルク運河はサン・マルタン運河につながっています．

カルチエ・ラタンとはセーヌ左岸にある学生街で，ソルボンヌ大学周辺を指します．当時ラテン語を話すことができる学生や知識人が集まっていたために，「ラテン語（を話す）地区」という意味からカルチエ・ラタンと呼ばれるようになりました．現在でも多くの学生が往き来するため，映画館や喫茶店が建ち並びます．ジャズ・クラブも数多く存在します．
カルチエ・ラタンにはパンテオン（霊廟）があり，ヴィクトル・ユゴー，エミール・ゾラ，シモーヌ・ヴェイユらが埋葬されています．

Quel beau temps !

I   I. 人称代名詞（直接目的補語と間接目的補語）Les pronoms complément d'objets directs [COD] et indirects [COI]

	私	君	彼・それ	彼女・それ	私たち	あなた（たち）	彼ら・彼女たち・それら
～を	**me** (m')	**te** (t')	**le** (l')	**la** (l')	**nous**	**vous**	**les**
～に	**me** (m')	**te** (t')	**lui**	**lui**	**nous**	**vous**	**leur**

注意　直接目的補語人称代名詞は人だけではなく，物も指します．直接目的補語人称代名詞も，間接目的補語人称代名詞も，ともに動詞の直前に置かれます．

Tu regardes **Mariko** ? / Tu regardes **la télé** ?　マリコを見てるの？ / テレビを見てるの？
– Oui, je **la** regarde.　　　　　　　　– うん，彼女 / それを見てるよ．

間接目的補語人称代名詞は人だけを指し，物を指すことはありません．
Elle téléphone **à son père** ?　– Oui, elle **lui** téléphone souvent.
彼女はお父さんに電話をしますか？　– はい，彼女は彼によく電話をします．

🎧 À l'oreille !　音声を聞いて，文を完成させましょう．Écoutez et complétez. 🔊 2-22

1. La télé ? Je _____ regarde chaque jour.
2. À sa mère ? Il _____ écrit parfois.
3. Aux garçons ? Elles ne _____ répondent jamais.
4. Tu _____ aimes, ton chien ? – Je _____ adore !

chaque jour	毎日
mère	母
garçon	少年
chien	犬

🎧 À vous !　空欄に適切な語句を入れ，文を完成させましょう．次に音声を聞いて，必要に応じて直しましょう．
Complétez les phrases, puis écoutez et corrigez. 🔊 2-23

1. Tu téléphones souvent _____ tes parents ?　– Oui, je _____ appelle chaque week-end.
   君は両親によく電話をするの？　　　　　　　　– はい，毎週末彼らに電話をしています．

2. Vous lisez _____ journal, Monsieur ?　– Non, je ne _____ lis pas. Je vous en prie.
   あなたはこの新聞を読まれますか，ムッシュー？　– いいえ，それは読んでいませんよ．どうぞ．

・・・

Verbes	**téléphoner** 電話をする Nº ③	**regarder** 見る Nº ③	**écrire** 書く Nº ⑰
	répondre 答える Nº ⑱	**lire** 読む Nº ⑲	

II   準助動詞 vouloir – pouvoir – devoir / 代名詞の位置 / 場所を表す代名詞 y

Vouloir – pouvoir – devoir / La place des pronoms / Le pronom de lieu Y

vouloir ＋名詞 / 不定詞「…欲しい / …したい」

名詞　Tu veux **ce magazine** ?　– Oui, merci.　この雑誌が欲しいの？ – うん，ありがとう．
動詞　Tu veux **lire** le journal ?　– Non, merci.　新聞を読みたいの？ – いや，結構です．

代名詞の位置：準助動詞の前ではなく，不定詞の前に置かれます．

vouloir ＋代名詞＋不定詞 / pouvoir ＋代名詞＋不定詞「…に（を）…したい / …できる」

Je veux **le** rencontrer.　私は彼に会いたい．　　Je **ne** veux **pas le** rencontrer.　私は彼に会いたくない．
Je peux **lui** parler.　　私は彼に話すことができる．　Je **ne** peux **pas lui** parler.　私は彼に話すことができない．

devoir ＋代名詞＋不定詞「…に（を）…しなければならない」

Je dois **en** acheter. 私はそれを買わなければならない．　Je **ne** dois **pas en** acheter. 私はそれを買うべきではない．

場所を表す代名詞 y

à / en / dans → **y** そこへ（aller **à** ... …へ行く　habiter **en** ... …に住む　travailler **dans** ... …で働く）
Tu vas aller **en** France quand ?　– Je vais **y** aller dans un mois.
君はいつフランスへ行くつもりなの？　– 1か月後にそこへ行くつもりだよ．
Vous travaillez et habitez **à** Paris.　– J'**y** travaille, mais je n'**y** habite pas.
あなたはパリで働き，そして住んでいるのですね？　– 私はそこで働いていますが，住んではいません．

🎧 À l'oreille ! 音声を聞いて，文を完成させましょう．Écoutez et complétez. 🔊 2-24

1. À moi ? Il doit _____ envoyer un rapport.
2. Ce journaliste ? Vous _____ rencontrez quand ?
3. De l'alcool ? Je ne peux pas _____ boire.
4. En France ? On veut _____ aller en vacances.

rapport	報告書
journaliste	ジャーナリスト
alcool	アルコール飲料
en vacances	休暇中に

🎧 À vous ! 空欄に適切な語句を入れ，文を完成させましょう．次に音声を聞いて，必要に応じて直しましょう．
Complétez les phrases, puis écoutez et corrigez. 🔊 2-25

1. Tu veux prendre _____ photo avec moi ? – Oui, je veux _____ prendre _____.
   私と一緒に写真が撮りたいの？   – はい，1枚撮りたいです．

2. Vous pouvez _____ donner son adresse ? – Desolé. Je ne _____ connais pas.
   彼の住所を私に（教えて）くれますか？   – すみません，知りません．

Verbes
- **devoir** ～しなければならない No ⑳
- **rencontrer** 出会う No ③
- **envoyer** 送る No ㉑
- **pouvoir** ～できる No ㉒
- **vouloir** 欲しい／～したい No ㉓
- **donner** 与える No ③

Ⅲ 命令形 – 命令 / 要求 L'impératif – L'ordre / La demande

命令形には，現在形の動詞の活用を用います．主語人称代名詞 tu / nous / vous は省きます．

Tu regardes	→	**Regarde.***	見なさい.	**Tu finis**	→ **Finis.**	終えなさい.
Nous regardons	→	**Regardons.**	見ましょう.	**Nous finissons**	→ **Finissons.**	終わりにしましょう.
Vous regardez	→	**Regardez.**	見て下さい.	**Vous finissez**	→ **Finissez.**	終えて下さい.

＊二人称単数の語尾が-esである場合，語末の-sを除きます．
    Tu arrêtes → **Arrête** ! やめて！   Tu ouvres → **Ouvre** ! 開けて（みて）！

例外 être …である： Sois   Soyons   Soyez / **avoir** …を持つ： Aie   Ayons   Ayez

例外 aller : Tu vas → **Va**   **All**ons   **All**ez   tu vasは-es ではありませんが，例外的にsをとります.

否定：ne (n') ＋動詞＋ pas   否定命令文の場合，動詞をne (n') と pasではさみます．
    Ne sors pas. 外に出ないで． / N'ouvrez pas la fenêtre. 窓を開けないで下さい．

丁寧な表現：「どうか…してね / どうぞ…して下さい」 ..., **s'il te plaît.** / ..., **s'il vous plaît.**
    Tenez ça, **s'il vous plaît.**   どうぞそれを持っていて下さい．
    Ne commencez pas, **s'il vous plaît.**   どうぞ（まだ）始めないで下さい．

🎧 À l'oreille ! 音声を聞いて，文を完成させましょう．Écoutez et complétez. 🔊 2-26

1. (tenir) → _____ bien tes baguettes, s'il te plaît.
2. (ouvrir) → _____ la fenêtre, s'il vous plaît.
3. (commencer) → On est prêts. _____ la réunion.
4. (aller) → Chloé ! Ne _____ pas dans ma chambre.

baguette	箸
fenêtre	窓
réunion	会議・会合
chambre	部屋

🎧 À vous ! 空欄に適切な語句を入れ，文を完成させましょう．次に音声を聞いて，必要に応じて直しましょう．
Complétez les phrases, puis écoutez et corrigez. 🔊 2-27

1. Nous _____ au restaurant ce soir ? – Non, n'_____ pas au resto.
   今晩はレストランで夕食を食べましょうか？   – いいえ，レストランに行かないでおきましょう．

2. Les enfants ! Ne _____ pas, s'il vous plaît. _____ jouer dehors.
   （子どもたちの）皆さん！どうか，叫ばないでね．外へ遊びに行ってね．

Verbes
- **arrêter** やめる No ③
- **ouvrir** 開ける No ㉔
- **sortir** 外に出る No ㉕
- **tenir** 持っている No ⑪
- **dîner** 夕食をとる No ③
- **crier** 大声で叫ぶ No ⑨

ヴァランタンとジュリエットはバスティーユ地区にある小さなレストランで夕食をとることになっています. ヴァランタンは自分の両親にジュリエットを紹介したいと考えています. Valentin et Juliette vont dîner dans un petit restaurant dans le quartier de la Bastille. Valentin veut présenter Juliette à ses parents. 🔊 2-28

AU QUOTIDIEN !

I 音声を聞いて，発音してみましょう． Écoutez et répétez.

La météo – Le temps 気象 – 天候・気候 🔊 2-29		
Il fait	beau.	天気がよい（晴れている）．
	mauvais.	天気が悪い．
	bon.	気持ちのよい天気だ．
	humide.	湿気が多い．
	froid.	寒い．
	chaud.	暑い．
	frais.	涼しい．
	soleil.	日が照っている．
	doux.	温暖である．
Il y a	du vent.	風がある．
	du brouillard.	霧がかかっている．
	de la neige.	雪が積もっている．
	des nuages.	雲っている．

Les saisons en France フランスの四季 🔊 2-30	
Le **printemps** : doux et agréable.	春：温暖で快適．
L'**été** : chaud et sec.	夏：暑く，乾燥している．
L'**automne** : frais et pluvieux.	秋：涼しく，雨が多い．
L'**hiver** : froid et nuageux.	冬：寒く，曇っている．
pleuvoir : Il pleut.	雨が降る．
neiger : Il neige.	雪が降る．
geler : Il gèle.	凍る．
Il fait combien, aujourd'hui ?	今日は何度ですか？
– **Il fait** (environ) 25 ℃ [degrés].	(約) 25 度です．
Quelle est la température ?	気温は何度ですか？
– **Il fait** -5 ℃ [moins 5 degrés].	– マイナス 5 度です．

注意 **au** printemps 春に　　**en** été 夏に　　**en** automne 秋に　　**en** hiver 冬に

II 音声を聞いて，発音してみましょう． Écoutez et répétez. 🔊 2-31, 32

Modèle 1 :

Comment est le printemps à Paris ? パリでは，春はどんな風ですか？

– **En général, il fait beau.** – 普通は，晴れています．

Il fait froid ? 寒いですか？

– **Non, il fait doux.** – いいえ，温暖です．

Modèle 2 :

C'est comment l'été dans le Midi ? 南仏では，夏はどんな風ですか？

– **Chaud et sec.** – 暑くて乾燥しています．

Et quelle est la température ? それで，気温はどのくらいですか？

– **Entre 30 et 35 degrés.** –30 度～ 35 度の間です．

III 音声を聞き，空欄を埋めて会話文を完成させましょう． Écoutez et complétez les situations. 🔊 2-33, 34

1.

Comment est l' _____ **à Lille ?** リールでは，秋はどんな風ですか？

– **Il fait** _____ . – 天気が悪いです．

Il _____ **beaucoup ?** たくさん雨が降りますか？

– **Oui. Et il y a du** _____ **aussi.** – はい．それに霧もかかります．

2.

L'hiver, il _____ **ici ?** 冬は，ここでは雪が降りますか？

– **Oui, il y a beaucoup de** _____ . – はい，雪がたくさん積もります．

Il fait très _____ **alors ?** それでは，とても寒いのですか？

– **Oui. Il** _____ **souvent.** – はい．よく凍ります．

IV ロールプレイをしながら，練習してみましょう． Jouez les rôles !

GRAMMAIRE |||||||||||||||||||||||||||||||||||||||||||||||||||||||||||||||||||||||

Ⅰ 疑問代名詞 / 指示代名詞「こちら / そちら / あちら」 Les pronoms interrogatifs / Les pronoms démonstratifs

男単	**le** → **ce**	livre / garçon	**Lequel ?**	どの本 / どの少年?	– **Celui**	これ / こちら /
女単	**la** → **cette**	clé / fille	**Laquelle ?**	どの鍵 / どの少女?	– **Celle**	**-ci.** これらです.
男複	**les** → **ces**	stylos / étudiants	**Lesquels ?**	どのペン / どの学生たち?	– **Ceux**	**-là** あれ / あちら /
女複	**les** → **ces**	copies / étudiantes	**Lesquelles ?**	どの答案/どの女子学生たち?	– **Celles**	あれらです.

Tu veux **lequel ?** – **Celui-ci.** Merci. 君はどっちが欲しい? –こっちの方かな. ありがとう.

注意 **l'** → **L'**hôtel → **Cet** hôtel → **Lequel ?** ホテル → そのホテル → どのホテル?

À l'oreille ! 音声を聞いて，文を完成させましょう. Écoutez et complétez. 🔊 2-35

1. Tu veux _____ ? – _____ -ci. Elle est belle.
2. Vous préférez _____ ? – _____ -là. Il est beau.
3. _____ sont bon marché ? – _____ -là. Les bleus.
4. _____ sont chères ? – _____ -ci. Les rouges.

belle	美しい
beau	美しい
bon marché	安い
cher	高い

À vous ! 空欄に適切な語句を入れ，文を完成させましょう. 次に音声を聞いて，必要に応じて直しましょう. Complétez les phrases, puis écoutez et corrigez. 🔊 2-36

1. Vous voulez voir _____, Madame ? – _____ -là. Le marron, s'il vous plaît.
   どちらをご覧になりたいですか，マダム? –あちらです. 茶色の方をお願いします.

2. Tu veux _____ ? Les noires ? – Non. _____ -ci. Les blanches, s'il te plaît.
   どっちがほしいの? 黒い方? – いいえ. こっちのやつよ. 白い方をお願いね.

Ⅱ II. 助動詞 avoir をとる複合過去形 Passé composé avec l'auxiliaire AVOIR

作り方：avoir の現在形＋過去分詞

j'	**ai**	cherché / choisi / perdu ...	探した / 選んだ / 失った
tu	**as**	cherché / choisi / perdu ...	
il / elle / on	**a**	cherché / choisi / perdu ...	
nous	**avons**	cherché / choisi / perdu ...	
vous	**avez**	cherché / choisi / perdu ...	
ils / elles	**ont**	cherché / choisi / perdu ...	

否定：Je n'ai pas cherché. 探しませんでした.   Tu n'as pas rendu la clé ? 鍵を返さなかったの?

疑問：Est-ce que vous avez choisi ? 選びましたか?   Vous avez terminé ? ↗ 終わりましたか?

過去分詞の作り方：

-er の動詞	é	**pay**er → **pay**é	支払う	**étudi**er → **étudi**é	勉強する
-ir の動詞	i	**réfléch**ir → **réfléch**i	熟考する	**rempl**ir → **rempl**i	記入する / 満たす
-oir(e) の動詞	u	**v**oir → **v**u	見る	**b**oire → **b**u	飲む
-re の動詞	u	**entend**re → **entend**u	聞こえる	**rend**re → **rend**u	返す

その他の動詞：

avoir 持つ → **eu**	**être** …である → **été**	**faire** …する → **fait**	**ouvrir** 開ける → **ouvert** ...

Verbes

chercher 探す N° ③	**choisir** 選ぶ N° ⑥	**perdre** 失う N° ⑱
terminer 終える N° ③	**payer** 支払う N° ㉚	**réfléchir** 熟考する N° ⑥
remplir 記入する / 満たす N° ⑥	**entendre** 聞こえる N° ⑱	**rendre** 返す N° ⑱

À l'oreille !

音声を聞いて，文を完成させましょう．Écoutez et complétez. 🔊 2-37

1. (séjourner) Ils ont longtemps _____ à l'étranger.
2. (réfléchir) J'ai _____ à ce problème.
3. (essayer) Il a _____ un costume.
4. (mettre) Tu n'as pas _____ ton manteau ?

à l'étranger	海外で
problème	問題
costume	スーツ
manteau	コート

À vous !

空欄に適切な語句を入れ，文を完成させましょう．次に音声を聞いて，必要に応じて直しましょう．Complétez les phrases, puis écoutez et corrigez. 🔊 2-38

1. Vous _____ déjà _____ les exercices ? – Non, nous n' _____ pas encore _____.
   あなたたちはもう練習問題を終えましたか？　– いいえ，まだ終わっていません．
2. Tu _____ _____ à ce problème ? – Non, désolée. Je n' _____ pas _____ le temps.
   この問題についてよく考えたのかい？　– いいえ，ごめんなさい．時間がなかったの．

Verbes　séjourner 滞在する N° ③　essayer 試す N° ㉚　mettre 着る N° ㉛

Ⅲ 近接過去　Le passé récent

venir de (d') ＋不定詞　…したばかりである

Tu **viens d'**arriver, Jules ?　着いたばかりかい，ジュール？
– Oui, je **viens** juste **d'**arriver.　－そうだよ，ちょうど着いたところさ．

否定：Je **ne viens pas** d'arriver.　私は着いたばかりというわけではありません．

注意　代名詞の位置に注意．
Lucas ? Je viens de **le** voir.　リュカですか？ 彼に会ったばかりですよ．

À l'oreille !

音声を聞いて，文を完成させましょう．Écoutez et complétez. 🔊 2-39

1. Je _____ visiter le château de Versailles.
2. Vous _____ acheter une montre ?
3. Nous _____ réserver une chambre.
4. Il _____ accepter un nouveau travail.

château	城
montre	腕時計
chambre	部屋
travail	仕事

À vous !

空欄に適切な語句を入れ，文を完成させましょう．次に音声を聞いて，必要に応じて直しましょう．Complétez les phrases, puis écoutez et corrigez. 🔊 2-40

1. Céline _____ déjà _____ ses devoirs ? – Oui, elle _____ les faire.
   セリーヌは宿題をもうやりましたか？　－ええ，彼女はちょうどやったところですよ．
2. Tu _____ aller à la poste ? – Non, je ne _____ pas _____ y aller.
   君は郵便局へ行ったばかりなの？　－いいえ，そこへ行ったばかりというわけじゃないわ．

Verbes　visiter 訪れる N° ③　réserver 予約する N° ③　accepter 受け入れる／承諾する N° ③

Vocabulaire – Expressions 語彙-表現

肯定：**déjà** すでに・もう	Tu as **déjà** visité Paris ? – Oui, **une fois**, il y a 3 ans.	パリはすでに訪れたことがあるの？ －うん，一度ね，3年前にね．
否定：**ne ... pas encore** まだ（…ない）	Vous avez (**déjà**) terminé ? – Non, on n'a **pas encore** terminé. – Non, **pas encore**.	（もう）終わりましたか？ －いいえ，まだ終わっていません． －いいえ，まだです．
il y a（時間・月・年…）…前に	J'ai fini **il y a** 10 minutes.	10分前に終えました．

49
quarante-nuef

DIALOGUE

ジュリエットとヴァランタンはレストランにいます．ウェイターが彼らにメニューを持ってきて，注文を取ります．

Juliette et Valentin sont au restaurant. Le serveur leur apporte la carte et prend leur commande. 🔊 **2-41**

Bonsoir. Voici la carte. Vous désirez un apéritif ?

Non, merci.

Voyons ... moi, je vais prendre un menu.

Lequel ? Celui à 30 euros ?

C'est ça. Ça a l'air bon.

La même chose pour moi.

Vous avez décidé ?

Oui. Deux menus à 30 euros.

On vient de recevoir un excellent Bourgogne.

Alors, une demi bouteille de Bourgogne.

Et une carafe d'eau, s'il vous plaît .

Entendu. Bon appétit !

J'aime beaucoup ce resto.

Et moi, tu m'aimes aussi ?

Ah, ah ! ... Devine.

De mémoire

Ça a l'air bon. おいしそうですね．**La même chose.** 同じものを．**Entendu.** かしこまりました．**Bon appétit !** どうぞ召し上がれ！

Verbes	**désirer** (〜を) 望む / (〜が) 欲しい N° ③	**décider** 決める N° ③
	recevoir 受け取る N° ㉙	**deviner** 言い当てる N° ③

AU QUOTIDIEN !

I 音声を聞いて，発音してみましょう．Écoutez et répétez.

Au restaurant レストランにて 🔊 2-42

Vous avez décidé ?	お決まりですか？	**Et comme boisson ?**	では，お飲み物は？
– Le menu à 20 euros, s'il vous plaît.	20ユーロの定食をお願いします．	– Du (vin) rouge.	赤ワインを．
– La carte des vins, s'il vous plaît.	ワインのメニューをお願いします．	– Du (vin) blanc.	白ワインを．
		– Du (vin) rosé.	ロゼを．
Vous avez choisi ?	お選びになりましたか？	– De l'eau minérale.	ミネラルウォーターを．
– Le plat du jour, s'il vous plaît.	本日の料理をお願いします．	– Une carafe d'eau.	デカンタの（水道）水を．

Oui, Monsieur ? お伺いします，ムッシュー．

– La carte, メニューを
– Du pain, パンを
– De l'eau, 水を
– Une cuillère, ⎫ s'il vous plaît. スプーンを ⎫ お願いします．
– Une fourchette, フォークを
– Un couteau, ナイフを
– Un verre, ⎭ コップを ⎭

Oui, ce sera ?	はい，何になさいますか？	
– Un apéritif.	食前酒を．	
– Un digestif.	食後酒を．	
– Un expresso.	エスプレッソを．	
– Un déca.	デカフェを．	
– Un thé au lait.	ミルクティーを．	
– Une infusion	ハーブティーを．	

Ce sera tout ? それで全部ですか？　　– **Oui. L'addition, s'il vous plaît.** – はい．お会計をお願いします．

II 音声を聞いて，発音してみましょう．Écoutez et répétez. 🔊 2-43, 44

Modèle 1 :

Vous avez décidé ?	お決まりですか？
– **Oui, le menu à 15 euros.**	– はい，15ユーロの定食をお願いします．
Et comme boisson ?	ではお飲み物は？
– **Une carafe d'eau. Merci.**	– デカンタの水をお願いします．ありがとう．

Modèle 2 :

Voici votre dessert. Un café ?	こちらがデザートになります．コーヒーは？
– **Oui. Et l'addition, s'il vous plaît.**	– はい，それから会計をお願いします．
Tout de suite, Monsieur.	すぐに（お持ちします），ムッシュー．
– **Merci, Mademoiselle.**	– ありがとう，マドモワゼル．

III 音声を聞き，空欄を埋めて会話文を完成させましょう．Écoutez et complétez les situations. 🔊 2-45, 46

1.

-- . 本日の料理を（下さい）．

– -- ? – それで全部ですか？

Oui, -- . ええ，ありがとう．

– -------------------------------- , **Madame.** – わかりました，マダム．

2.

Nous allons prendre du ------------------- . ワインをいただきましょう．

– ------------------- ? ------------------- ? – 赤ですか？　白ですか？

-- , **s'il vous plaît.** ロゼをお願いします．

– -- . – どうぞお召し上がり下さい．

IV ロールプレイをしながら，練習してみましょう．Jouez les rôles !

I 空欄を埋めて，会話文を完成させましょう．次に音声を聞いて，必要に応じて直し，発音してみましょう．
Complétez les situations, puis écoutez, corrigez et répétez. 🔊 **2-47, 48**

1.

Quelle est votre _____ **?** あなたの住所はどこですか？

– **18,** _____ **de Rome.** – ローマ通り18番地です．

Dans quel _____ **?** 何区ですか？

– _____ **8ᵉ.** – 8区です．

2.

Tu es _____ **au Japon ?** 日本のどこから来たの？

– _____ **Kamakura.** – 鎌倉からよ．

C'est _____ **, ça ?** それはどの辺？

– _____ **40 km** _____ **Tokyo.** – 東京から40キロのところよ．

II 友達と一緒に，空欄を埋めて会話文を完成させ，声に出して読みましょう．
Ensemble, complétez la situation, puis lisez-la à haute voix. 🔊 **2-49**

Vous habitez dans une _____ **?** お住まいは一軒家ですか？

– **Non, dans un** _____ **.** – いいえ，アパルトマンです．

C'est à quel _____ **?** 何階ですか？

– _____ **3ᵉ.** – 4階です．

III 友達と一緒に上の例にならい，場面を想像して会話文を作りましょう．そして演じてみましょう．
Ensemble, imaginez une situation, suivant les modèles ci-dessus, puis jouez les rôles.

_____ **?**

– _____ **.**

_____ **?**

– _____ **.**

Le lieu de résidence 居住地 　音声を聞いて，発音してみましょう．Écoutez et répétez. 🔊 **2-50**

Quelle est votre adresse en France ? フランスでのあなたの住所はどこですか？	**Votre adresse au Japon ?** 日本でのあなたの住所は？
– **8, rue Charcot, Paris, 75 016.** 　–〒75016 パリ，シャルコ通り8番地です．	– **Chiyoda-ku, Nishi-kanda, 3-3-5, Tokyo, 101-0065.** 　–〒101-0065 東京都千代田区西神田3-3-5です．

C'est dans quel arrondissement ? 何区ですか？
– **Dans le 16ᵉ (arrondissement).** – 16区です．
– **Dans (l'arrondissement de) Nerima.** – 練馬区です．

J'habite dans une maison / un appartement.
私は一軒家 / アパルトマンに住んでいます．

C'est à quel étage ? 何階ですか？
– **Au sous-sol.** 地下です．
– **Au rez-de-chaussée.** 1階です．
– **Au 1ᵉʳ.** 2階です．
– **Au 2ᵉ.** 3階です．
– **Au 3ᵉ.** 4階です．
– **Au dernier.** 最上階です．

Les nombres ordinaux 序数 🔊 **2-51**

... **13ᵉ treizième** 　　**14ᵉ quatorzième** 　　**15ᵉ quinzième** 　　**16ᵉ seizième**
17ᵉ dix-septième 　　**18ᵉ dix-huitième** 　　**19ᵉ dix-neuvième** 　　**20ᵉ vingtième** ...

MISE EN SCÈNE (8)

● ●

I 空欄を埋めて，会話文を完成させましょう．次に音声を聞いて，必要に応じて直し，発音してみましょう．
Complétez les situations, puis écoutez, corrigez et répétez. 🔊 2-52, 53

1.

Vous avez _____ **?**　　お決まりになりましたか？

– Le _____ **.**　　ーペッパーステーキを下さい．

Du _____ **? Un** _____ **?**　　チーズは（いかがですか）？デザートは？

– _____ **,** _____ **.**　　ーいいえ，結構です．

Du _____ **?**　　恐らくワイン（を飲まれるので）は？

– Oui, un pichet de _____ **.**　　ーはい，赤ワインのピッチャーを．

2.

Le _____ **, c'est quoi ?**　　本日の定食は何ですか？

– Une _____ **, Madame.**　　ーマスのムニエルです，マダム．

Je vais prendre _____ **.**　　それにします．

– Et comme _____ **?**　　ーそれからお飲み物は？

_____ **, s'il vous plaît.**　　エビアンを1本お願いします．

II 友達と一緒に，空欄を埋めて会話文を完成させ，声に出して読みましょう．
Ensemble, complétez la situation, puis lisez-la à haute voix.

_____

_____

_____

_____

_____

Au restaurant レストランで　　音声を聞いて，発音してみましょう．Écoutez et répétez. 🔊 2-54

Menu du jour : 18,50 € 本日の定食　　**Entrée – plat – dessert – café** 前菜 – メイン – デザート – コーヒー

À la carte アラカルトのメニュー

Plats / Entrées / Hors d'œuvre 料理 / 前菜 / オードブル		**Viandes** 肉	
Plat du jour	12,00 € 本日の料理	Steak au poivre	16,00 € ペッパーステーキ
Escargots	8,50 € エスカルゴ	Bavette de bœuf	15,00 € 牛肉のバヴェット（上方腹部肉）
Assiette de charcuterie	6,20 € ハムなどの盛り合わせ	Rôti de porc	13,00 € ローストポーク
Poissons / crustacés 魚 / エビやカニなどの甲殻類		**Fromages** チーズ	
Truite meunière	11,00 € マスのムニエル	Camembert	3,20 € カマンベール
Daurade au persil	14,50 € ヘダイのパセリ添え	Roquefort	4,00 € ロックフォール
Huîtres farcies	10,00 € 牡蠣のファルシー	**Accompagnements** 付け合わせ	
Desserts デザート		Frites	2,70 € フライドポテト
Glaces maison	4,00 € 自家製アイスクリーム	Petits pois	3,00 € グリーンピース
Sorbets maison	3,50 € 自家製シャーベット	haricots verts	3,00 € さやいんげん
Gâteaux / Tartes	4,80 € ケーキ / タルト	Salade variée	4,20 € 彩りサラダ
Boissons chaudes 温かい飲み物		**Boissons froides** 冷たい飲み物	
Infusions	1,80 € ハーブティー	Vin (pichet 300 ml)	6,00 € ワイン（300mlのピッチャー）
Thé / Café	2,00 € 紅茶 / コーヒー	Évian – Badoit	3,50 € エビアン – バドワ

Variété 4

Les couleurs 色

blanc(he)	noir(e)	gris(e)	bleu(e)	jaune	vert(e)	rouge

rose	marron	violet(te)	indigo	beige	orange	turquoise

虹の**7**色はどの色ですか？ Quelles sont les 7 couleurs de l'arc-en-ciel ?

Les drapeaux 国旗

Exercice 1 : これらの国旗は何色ですか？ 例にならって，答えましょう．

De quelles couleurs sont ces drapeaux ? Répondez, suivant le modèle.

Europe	France	Italie	Belgique	Japon

Modèle Le drapeau **européen** est **bleu** et **jaune**.

- Le drapeau _____ est _____ .
- Le drapeau _____ est _____ .
- Le drapeau _____ est _____ .
- Le drapeau _____ est _____ .

Les mots-croisés des couleurs クロスワードパズル

Exercice 2 : 友達と一緒に，空欄に適切な語句を入れ，文を完成させましょう．そして例にならってクロスワードパズルを完成させましょう． Ensemble, complétez les phrases, puis les mots-croisés, suivant le modèle.

Modèle （ぶどう）Des raisins *blancs*.　　（イチジク）Des figues *blanches*.

1. （レモン）　Un citron _____ .
2. （みかん）　Une mandarine _____ .
3. （ぶどう）　Des raisins _____ .
4. （ブルーベリー）Des myrtilles _____ .
5. （イチゴ）　Des fraises _____ .
6. （キウイ）　Des kiwis _____ .
7. （プラム）　Des prunes _____ .
8. （桃）　　Des pêches _____ .

Les grands magasins

デパート

ギャルリー・ラファイエットは，プランタンと並ぶパリの有名百貨店で，多くの観光客が訪れます．1893年にテオフィル・バデールといとこのアルフォンス・カンが小さな店を開き，翌年オスマン大通りに移転して規模を拡大させた店舗を起源とします．オペラ・ガルニエのすぐ裏手に位置します．天井を覆う巨大なアーチ形のステンドグラスは，ギャルリー・ラファイエットのシンボルとなっています．年間およそ3700万人もの人が訪れ，店内は多くの人で賑わっています．

ギャルリー・ラファイエットとともにパリのデパートを代表するのが，隣に軒を連ねる**プランタン**です．かつては東京やニューヨークなど世界中で店舗を展開していましたが，現在はフランス国内だけの営業に縮小しました．とは言え，今でもそのファッショナブルな店内は人々を魅了してやみません．年末の6週間は，ショーウインドーがクリスマス用のディスプレイで美しく装飾され，多くの人が待ちわびる恒例イベントとなっています．

セーヌ川右岸に建つ上記の両店舗に対して，世界で最も古い百貨店と言われる**ボン・マルシェ**は左岸に位置します．観光客の多いギャルリー・ラファイエットやプランタンとは対照的に，住宅街の近くにあるボン・マルシェは老舗デパートとしてパリ市民から愛されています．パリにはまたガラス張りのアーケード商店街もあり，ギャルリー・ヴィヴィエンヌが有名です．美しいアーケードとモザイク模様の床に魅了されながら，天気を気にせず買い物が楽しめます．

国立劇場であるコメディー・フランセーズの横にはルイ14世が幼少期を過ごした王宮**パレ・ロワイヤル**があります．その後，この王宮に移り住んだオルレアン公が中庭を囲むように回廊を建設し，商店を誘致したのがきっかけで，今でも多くのギャラリーやアンティーク店などが集まっています．中庭にはダニエル・ビュランが制作した黒と白の縞模様の円柱が260個置かれていて，ビュランの円柱とも呼ばれる人気スポットです．**サントノレ通り**はパリの中心を通っていて，高級ブティックが建ち並んでいます．

Pardon ! La place Dauphine ?

I 代名動詞 Les verbes pronominaux

代名動詞：再帰代名詞（自分を／自分に）＋動詞

appeler 呼ぶ・電話をする		
j'	**appelle**	
tu	**appelles** ...	
il / elle / on	**appelle** ...	
nous	**appelons** ...	
vous	**appelez** ...	
ils / elles	**appellent** ...	

s'appeler …と呼ばれています・…という名前です		
je	m'	**appelle** ...
tu	t'	**appelles** ...
il / elle / on	s'	**appelle** ...
nous	**nous**	**appelons** ...
vous	**vous**	**appelez** ...
ils / elles	s'	**appellent** ...

否定： Je n'**appelle** pas ... 私は…を呼ばない・電話しない　　 Je **ne** m'**appelle** pas ... 私の名前は…ではない.

疑問： **Vous vous appelez** comment ? – **Je m'appelle** Luc Bez. あなたの名前は何ですか？ – 私の名前はリュック・べです.

注意 代名動詞は不定詞の形でも用いられます. Il faut **se** lever à 6 heures. 6時に起きなければならない.

À l'oreille ! 音声を聞いて，文を完成させましょう. Écoutez et complétez. 🔊 2-55

1. (se coucher) Je _____ couche toujours tard.
2. (se brosser) Elle _____ brosse les dents.
3. (se lever) Nous ne _____ levons pas tôt.

tard	遅く
dent	歯
tôt	早く

À vous ! 空欄に適切な語句を入れ，文を完成させましょう. 次に音声を聞いて，必要に応じて直しましょう. Complétez les phrases, puis écoutez et corrigez. 🔊 2-56

1. Le week-end, tu _____ _____ tôt ? – Non. Je _____ _____ tard.
   週末は早く寝るの？　　　　　　　　　　　　　　 – いいや. 寝るのは遅いよ.
2. Elle _____ à 6h00, elle _____ et elle _____ .
   彼女は6時に起きて，服を着て，それから化粧をします.

Verbes | **s'appeler** ～という名前である N° ⑫ | **se coucher** 寝る N° ③ | **se brosser** 磨く N° ③
| **se lever** 起きる N° ㉜ | **s'habiller** 服を着る N° ③ | **se maquiller** 化粧をする N° ③

II 助動詞 être をとる複合過去形 Le passé composé avec ÊTRE

助動詞に être をとる動詞の複合過去形では，過去分詞は形容詞のように，主語と性数を一致させます.

	助動詞 être	過去分詞		形容詞	
je	suis	allé(e)	行った	occupé(e)	忙しい
tu	es	tombé(e)	転んだ	fatigué(e)	疲れた
il / elle	est	passé(e)	立ち寄った	content(e)	うれしい
nous	sommes	parti(e)s	出発した	guéri(e)s	回復した
vous	êtes	sorti(e)(s)	出かけた	prêt(e)(s)	準備ができた
ils / elles	sont	devenu(e)s	…になった	fâché(e)(s)	怒った

否定： Je **ne** suis **pas** allé(e) en France cette année.　私は今年フランスに行きませんでした.

疑問： **Est-ce que** vous êtes sorti(e)(s) hier soir ?　昨晩，出かけましたか？

注意 **Nous** sommes **parti**(e)**s** tôt. ↔ **On** est **parti**(e)**s** tôt. 私たちは早く出ました.

À l'oreille ! 音声を聞いて，文を完成させましょう．Écoutez et complétez. 🔊 2-57

1. (arriver) Ils sont ＿＿＿＿＿＿＿＿ à la gare à 1h00.
2. (partir) Marc est ＿＿＿＿＿＿＿＿ à l'heure ?
3. (tomber) Aya, tu es ＿＿＿＿＿＿＿＿ dans les escaliers ?
4. (devenir) Je suis ＿＿＿＿＿＿＿＿ infirmière à 22 ans.

gare	駅
à l'heure	時間通りに
escalier	階段
infirmière	看護師

À vous ! 空欄に適切な語句を入れ，文を完成させましょう．次に音声を聞いて，必要に応じて直しましょう．
Complétez les phrases, puis écoutez et corrigez. 🔊 2-58

1. Léa, tu ＿＿＿ ＿＿＿ à la fac hier ? – Non, je ＿＿＿ chez moi.
   レア，昨日は大学に戻ったの？ – いいえ，帰宅しました．
2. Napoléon Bonaparte ＿＿＿ ＿＿＿ en 1769 et il ＿＿＿ en 1821.
   ナポレオン・ボナパルトは1769年に生まれて，彼は1821年に亡くなった．

Verbes
partir 出発する N° ㉕ | tomber 転ぶ N° ③ | devenir …になる N° ⑪
retourner 戻る N° ③ | naître 生まれる N° ㉝ | mourir 死ぬ N° ㉞

Ⅲ 代名動詞の複合過去形（助動詞は être）Le passé composé des verbes pronominaux avec ÊTRE

代名動詞の複合過去形は助動詞には être を用いる．**再帰代名詞＋助動詞 être ＋過去分詞**

Je	me	suis	réveillé(e).	私は目を覚ました．
Tu	t'	es	blessé(e) ?	君は怪我をしたの？
Il / Elle	s'	est	préparé(e).	彼 / 彼女は身支度をしました．
Nous	nous	sommes	régalé(e)s.	私たちはごちそうを食べました．
Vous	vous	êtes	rencontré(e)(s) ?	あなたたちは（偶然）会ったのですか？
Ils	se	sont	embrassés.	彼らはハグをした．
Elles	se	sont	assises.	彼女たちは座った．

否定：s'asseoir： Je ne me suis pas assis(e). 私は座りませんでした
疑問：se réveiller：Est-ce qu'ils se sont réveillés tôt ? 彼らは早く目覚めましたか？

À l'oreille ! 音声を聞いて，文を完成させましょう．Écoutez et complétez. 🔊 2-59

1. (s'asseoir) Elle ＿＿＿ est ＿＿＿ sur un banc.
2. (s'amuser) Ils ＿＿＿ sont bien ＿＿＿ à la piscine.
3. (se régaler) Quel bon repas ! Nous ＿＿＿ sommes ＿＿＿.

banc	ベンチ
piscine	プール
repas	食事

À vous ! 空欄に適切な語句を入れ，文を完成させましょう．次に音声を聞いて，必要に応じて直しましょう．
Complétez les phrases, puis écoutez et corrigez. 🔊 2-60

1. Hier, Mia ＿＿＿ dans un parc. Elle ＿＿＿ bien ＿＿＿.
   昨日，ミアは公園を散歩しました．彼女はよく歩きました．
2. Ils ne ＿＿＿ pas ＿＿＿ quand ils ＿＿＿.
   出会った時に，彼らは挨拶をしませんでした．

Verbes
se réveiller 目覚める N° ③ | se blesser 怪我をする・負傷する N° ③
se préparer 身支度をする N° ③ | se régaler ごちそうを食べる N° ③
se rencontrer 出会う・（偶然）会う N° ③ | s'embrasser ハグをする N° ③
s'asseoir 座る N° ㊳ | s'amuser 楽しむ N° ③
se promener 散歩する N° ㉜ | se saluer 挨拶を交わす N° ③

ジュリエットはヴァランタンの両親と妹に会うことになっています．彼女は自宅に携帯を忘れてきてしまいました，通行人に方向を尋ねます．Juliette va rencontrer les parents et la petite sœur de Valentin. Elle a oublié son portable chez elle. Elle demande la direction à des passants.

🔊 2-61

De mémoire

Pardon ! すみません！   **C'est facile.** 簡単ですよ．   **Enfin !** やっとだね！

Ce n'est pas grave. 大したことじゃない．   **J'ai le trac.** 緊張している．あがっている．

Verbes   **suivre ...** …に沿って進む N° ㉟   **falloir...** …しなければならない N° ㊌   **continuer** (進み)続ける N° ⑬

           se perdre 道に迷う N° ⑱   **attendre** 待つ N° ⑱

AU QUOTIDIEN !

I 音声を聞いて，発音してみましょう．Écoutez et répétez.

Les moyens de transport 交通手段 🔊 2-62

une gare SNCF	SNCF（国有鉄道）の駅
une gare RER	RER（高速鉄道）の駅
une station de métro	地下鉄の駅
un arrêt de bus / taxis	バス停 / タクシー乗り場
un aéroport	空港

Vous montez où ? どこで乗車しますか？
– Je monte à Nation. ナシオンで乗車します．

Vous descendez où ? どこで下車しますか？
– Je descends à Concorde. コンコルドで下車します．

C'est direct pour [駅]？ …まで直通ですか？
– Oui, c'est direct. Ligne 1. – はい，直通です．1番線です．
– Non, changez à Châtelet. – いいえ，シャトレで乗り換えて下さい．

Il faut
Ça prend } combien de temps ? 時間はどのくらいかかりますか？
Tu mets

Vous y aller comment ? どうやってそこへ行きますか？
– En métro. / En RER. 地下鉄で / RER で．
– En taxi. / En bus. タクシーで / バスで．
– En train. / En TGV. 電車で / TGV で．
– En scooter. / En voiture. スクーターで / 車で．
– En bateau. / En avion. 船で / 飛行機で．
– À pied. / À vélo. 徒歩で / 自転車で．

Tu viens ici comment ? ここにはどうやって来るの？
– Je prends { le métro. 地下鉄に乗って．
ma voiture. 自家用車に乗って．

Ticket Paris Visite : パリ全線乗り放題券：
1, 2, 3, 4, 5 jours. 1，2，3，4，5日間（券）．
* Zone 1 – 3. 1〜3区間（券）．

Carte Navigo : ナヴィゴ・パス：
1 semaine, 1 mois. 1週間（券），1か月（券）．
* Toutes zones. 全区間（券）

II 音声を聞いて，発音してみましょう．Écoutez et répétez. 🔊 2-63, 64

Modèle 1 :

Vous allez à Lyon comment ? リヨンまでどうやって行きますか？
– En TGV. – TGV で．
Vous descendez à quelle gare ? どの駅で降りますか？
– À Lyon Part Dieu. – リヨン・パール・デュー（駅）で．

Modèle 2 :

Tu vas au boulot en métro ? 仕事には地下鉄で行ってるの？
– Non, je prends le RER. – いいや，RER に乗ってるよ．
C'est direct ? 直通なの？
– Non, je change une fois. – いいや，一度乗り換えるよ．

III 音声を聞き，空欄を埋めて会話文を完成させましょう．Écoutez et complétez les situations. 🔊 2-65, 66

1.

Tu viens au travail _____ ? 仕事（場）へはどうやって来てるの？
– _____ et _____ . – バスと地下鉄で．
Tu mets _____ ? どのくらい時間がかかるの？
– _____ minutes environ. – 約30分かかるわ．

2.

_____ **Paris Visite, s'il vous plaît.** パリ全線乗り放題券を1枚下さい．
– **Pour combien de** _____ ? – 何日間の券でしょうか？
Une _____ . 1週間です．
– **Une** _____ **Navigo alors ?** – ナヴィゴ・パスはいかがですか？

IV ロールプレイをしながら，練習してみましょう．Jouez les rôles !

On pensait au printemps prochain.

GRAMMAIRE ||||||||||||||||||||||||||||||||||||||||||||||||||||||||||||||||

Ⅰ 代名動詞の命令形 Les verbes pronominaux à la forme impérative

	肯定命令文		否定命令文	
se dépêcher	**Dépêche-toi.**	急いでね	**Ne te dépêche pas.**	急がないでね.
	Dépêchons-nous.	急ぎましょう.	**Ne nous dépêchons pas.**	急がないようにしましょう.
	Dépêchez-vous.	急いで下さい.	**Ne vous dépêchez pas.**	急がないで下さい.

注意 1) 肯定命令文では, te (t') → toi となる: Amuse-toi. 楽しんでね. / Ne t'amuse pas. ふざけないでよ.
2) 丁寧な表現: Tais-toi, s'il te plaît. どうか黙ってね. / Ne vous levez pas, s'il vous plaît. どうぞ起きないで下さい.

À l'oreille ! 音声を聞いて, 文を完成させましょう. Écoutez et complétez. 🔊 2-67

1. (s'adresser) Adressons- _____ à la réception.

2. (s'inquiéter) Ne _____ inquiétez pas pour le résultat.

3. (se servir) Louis, sers- _____, s'il te plaît. C'est excellent.

> réception 受付
> résultat 結果
> excellent おいしい

À vous ! 空欄に適切な語句を入れ, 文を完成させましょう. 次に音声を聞いて, 必要に応じて直しましょう.
Complétez les phrases, puis écoutez et corrigez. 🔊 2-68

1. Jean ! Il est 11h00. _____ - _____ ! – OK. Je _____ _____.
ジャン！ 11時よ. 急いでね！　　　　　　　　　　　　　　　 – わかったよ. 急ぐよ.

2. Ne _____ _____ pas là. _____ - _____ ici, s'il vous plaît.
そこに腰かけないで下さい. どうぞここに座ってください.

Verbes **se dépêcher** 急ぐ N° ③　　**se taire** 黙る N° ㊼　　**s'adresser** 問い合わせる N° ③
s'inquiéter 心配する N° ⑭　　**se servir** (料理を)自分でとる N° ㊱　　**se mettre** 腰かける N° ㉛

Ⅱ 関係代名詞 qui / que / où Les pronoms relatifs : qui / que / où

qui 関係節の主語	C'est le prof **qui** aime le rock.	こちらがロック (音楽) の好きな先生です.
	Prends le train **qui** part de la gare de Lyon.	リヨン駅から出発する電車に乗ってね.
que (qu') 関係節の目的語	Ce sont les jeans **que** je veux acheter.	それが私の買いたいジーンズです.
	Nous buvons le vin **qu'**on aime.	私たちは好きなワインを飲みますよ.
où 関係節の副詞(句)	C'est la maison **où** j'ai habité avec Léa.	これが私がレアと一緒に住んだ家です.
	Voilà le café **où** j'ai rencontré Yvan.	あそこにあるのがイヴァンと出会ったカフェです.

注意 「出身の・そこからの」 **d'où** : C'est le pays **d'où** nous venons. これが私たちの出身国です.

À l'oreille ! 音声を聞いて, 文を完成させましょう. Écoutez et complétez. 🔊 2-69

1. C'est le groupe _____ je préfère.

2. Voilà le magasin _____ j'ai acheté mes meubles.

3. Il y a une personne _____ veut vous parler.

> groupe バンド / グループ
> meuble 家具
> personne 人

À vous ! 空欄に適切な語句を入れ, 文を完成させましょう. 次に音声を聞いて, 必要に応じて直しましょう.
Complétez les phrases, puis écoutez et corrigez. 🔊 2-70

1. Ce sont les chaussures _____ tu veux ? – Oui, les beiges. Celles _____ sont en vitrine.
それが君の欲しい靴なのかい？　　　　　　　　　　 – ええ, ベージュ色 (の靴) よ. ショーウインドーにあるやつよ.

2. Là, c'est le lycée _____ Léo a étudié ? – Non. Son lycée, c'est celui _____ est rue Pasteur.
そちらにあるのが, レオの学んだ高校ですか？　　　　　　 – いいえ. 彼の高校はパストゥール通りにある高校です.

III 直説法半過去 L'imparfait de l'indicatif

je	tu	il / elle / on	nous	vous	ils / elles
-ais	-ais	-ait	-ions	-iez	-aient

作り方：直説法現在形の nous の活用から -ons を取ったものを語幹とします．

parler
(nous parlons)
直説法現在形

je parlais　話していました
tu parlais
il / elle / on parlait
nous parlions
vous parliez
ils / elles parlaient

réfléchir
(nous réfléchissons)
直説法現在形

je réfléchissais　考えていました
tu réfléchissais
il / elle / on réfléchissait
nous réfléchissions
vous réfléchissiez
ils / elles réfléchissaient

例外 être : j'étais　tu étais　il était　nous étions　vous étiez　ils étaient

用法：過去において継続していた行為や習慣，状態を表す．
Quand j'étais enfant, j'avais de longs cheveux blonds. 子どものときは，僕はブロンドの長い髪だったんだ．

À l'oreille !
音声を聞いて，文を完成させましょう．Écoutez et complétez. 🔊 2-71

1. (dire) (nous disons) Elle _____ des bêtises.
2. (vendre) (nous vendons) Je _____ des vêtements.
3. (croire) (nous croyons) Ils _____ au Père Noël.
4. (être) (nous sommes) Nous _____ dans le jardin.

bêtise	軽率な言葉
vêtement	衣服
Père Noël	サンタクロース
jardin	庭

À vous !
空欄に適切な語句を入れ，文を完成させましょう．次に音声を聞いて，必要に応じて直しましょう．
Complétez les phrases, puis écoutez et corrigez. 🔊 2-72

1. Quand tu _____ enfant, vous _____ où ? – On _____ à la campagne.
君が子供の頃，君たちはどこに住んでいましたか？ – 私たちは田舎で暮らしていました．

2. Il ne _____ plus. Il n' _____ pas d'argent. Il _____ pauvre.
彼はもう働いていませんでした．彼はお金がありませんでした．彼は貧しかったのです．

Verbes dire 言う N° ㊲　vendre 売る N° ⑱　croire 信じる N° ㊳　vivre 暮らす N° ㊴

Vocabulaire – Expressions 語彙-表現

1. tout le … / toute la … …全部 / tous les … / toutes les … すべての…

男単	tout	le (l')	monde / temps	皆 / いつも
	tout	l'	argent	(持っている) お金すべて
女単	toute	la (l')	famille / journée	家族全員 / 1日中
	toute	l'	année	1年中
男複	tous	les	garçons / mois	すべての少年 / 毎月
女複	toutes	les	filles / semaines	すべての少女 / 毎週

2. quelque chose ≠ ne … rien : Je fais quelque chose. ≠ Je ne fais rien.
何か　何も…ない　私は何かをする．　私は何もしない．

quelqu'un ≠ ne … personne : Il parle à quelqu'un. ≠ Il ne parle à personne.
誰か　誰も…ない　彼は誰かに話す　彼は誰にも話さない．

ヴァランタンはジュリエットを両親と妹のマリーに紹介します．彼らは今後の2人の結婚についても話しをします．

Valentin présente Juliette à ses parents et à sa petite sœur Marie. Ils parlent aussi de leur mariage à venir. 🔊 **2-73**

De mémoire

Que c'est gentil ! なんてご親切に！　**C'est pour quand ?** それはいつですか？　**Félicitations !** おめでとう！　**Vive...!** …万歳！

Verbes　**rapporter** 持ち帰る Nº ③　**souhaiter** 願う Nº ③

AU QUOTIDIEN !

I 音声を聞いて，発音してみましょう．Écoutez et répétez.

Les présentations 紹介 🔊 2-74

Tina, je te présente Éric. ティナ，君にエリックを紹介するよ．
– Bonjour, Éric. こんにちは，エリック．
Luc, ma copine Jade. リュック，友達のジャードよ．
– Salut, Jade. やあ，ジャード．
Je m'appelle Mila Lazare. 私の名前はミラ・ラザールです．
– Moi, c'est Alex Nury. 私はアレックス・ニュリーです．
Très heureuse. （知り合えて）とてもうれしいです．
– Très heureux. とてもうれしいです．

Jules, quelle surprise ! ジュール，驚いたわ！
– Camille ! Comment vas-tu ? カミーユ，元気かい？
Contente de te revoir. あなたと再会できて，うれしいわ．
– Très content. とてもうれしいよ．
Ma femme, Sylvia. 妻のシルヴィアです．
– Enchanté, Madame. はじめまして，マダム．
M. Plat, mon directeur. 僕の上司のプラさんだよ．
– Enchantée, Monsieur. はじめまして，ムッシュー．

🔊 2-75
Les compliments 祝辞・賛辞
Félicitations ! おめでとう！
Bravo ! お見事！ブラボー！
C'est très bien ! とてもいいね！
C'est parfait ! 完璧だね！

🔊 2-76
Les encouragements 激励
Formidable ! 素晴らしい！
Bon courage ! 頑張って！
Bonne continuation ! 頑張って続けてね！
Bonne chance ! 幸運を (祈ります)！

🔊 2-77
L'enthousiasme 歓喜
Cool ! いいね！かっこいい！
Génial ! すごい！
Extra ! 特別だね！
Super ! 最高！

II 音声を聞いて，発音してみましょう．Écoutez et répétez. 🔊 2-78, 79

Modèle 1 :
Jean, je te présente ma femme. ジャン，君に妻を紹介するよ．
– Très heureux, Madame. – （知り合えて）とてもうれしいです，マダム．
Lola, c'est Jean, un collègue. ロラ，同僚の，ジャンだよ．
Enchantée. – はじめまして．

Modèle 2 :
Contente de te revoir, Hugo ! あなたと再会できてうれしいわ，ユゴー！
– Très content aussi. – 僕もとてもうれしいよ．
Quelle surprise. En forme ? 驚いたわ．元気？
– En forme. Et toi ? – 元気だよ，君は？

III 音声を聞き，空欄を埋めて会話文を完成させましょう．Écoutez et complétez les situations. 🔊 2-80, 81

1.
Franck, je te _____ **Anna.** フランク，あなたにアナを紹介するわ．
– _____ **Anna !** – やあ，アナ！
Anna, mon _____ **, Franck.** アナ，私の友達のフランクよ．
– _____ **, Franck.** – こんにちは，フランク．

2.
Je _____ **Luigi Rossi.** 私の名前はルイジ・ロッシです．
– _____ **, c'est Aï Matsuzaki.** – 私は松崎愛です．
_____ **de vous rencontrer.** 知り合えてうれしいです．
– _____ **.** – とてもうれしいです．

IV ロールプレイをしながら，練習してみましょう．Jouez les rôles !

Ⅰ 空欄を埋めて，会話文を完成させましょう．次に音声を聞いて，必要に応じて直し，発音してみましょう．
Complétez les situations, puis écoutez, corrigez et répétez. 🔊 **2-82, 83**

1.

Vous faites _____ **le week-end ?**   週末は何をしていますか？

– Je vais dans des _____**.**   – 公園に行きます．

Vous pratiquez un _____ **?**   スポーツはされますか？

– Non, mais j' _____ **marcher.**   – いいえ，でも歩くのが好きです．

2.

_____**, tu fais quoi ?**   ヴァカンスに何をするの？

– Je vois _____**.**   – 友達に会うわ．

Tu aimes _____ **?**   旅行するのは好き？

– Oui. J' _____ **ça.**   – ええ，それ（旅行）が大好きなの．

Ⅱ 友達と一緒に，空欄を埋めて会話文を完成させ，声に出して読みましょう．
Ensemble, complétez la situation, puis lisez-la à haute voix. 🔊 **2-84**

Tu sors souvent _____ **?**   夜はよく出かけるの？

– Non, pas _____**.**   – いいや．あまり（出かけないよ）．

Et tu fais quoi _____ **?**   それで，家では何をするの？

– Je joue à _____**.**   – ビデオゲームをするのさ．

Ⅲ 友達と一緒に上の例にならい，場面を想像して会話文を作りましょう．そして演じてみましょう．
Ensemble, imaginez une situation, suivant les modèles ci-dessus, puis jouez les rôles.

_____ **?**

– _____**.**

_____ **?**

– _____**.**

Les loisirs レジャー・余暇	音声を聞いて，発音してみましょう．Écoutez et répétez. 🔊 **2-85**

Quels sont vos passe-temps préférés ?
気に入っている趣味は何ですか？

Vous faites quoi en vacances ? / Tu fais quoi le week-end ?
ヴァカンスに何をしますか？　　　　週末に何をするの？

– Je vais …（へ）行く．	**au cinéma.**	映画（館）へ	**– Je sors avec des amis.**	友達と出かけます．
	au restaurant.	レストランへ	**– Je vois des gens.**	人に会います．
	chez des amis.	友達の家へ	**– Je surfe sur Internet.**	インターネットサーフィンをします．
	dans des parcs.	公園へ	**– Je joue à des jeux vidéos.**	ビデオゲームをします．
	à des concerts.	コンサートへ	**– Je fais du sport.**	スポーツをします．
	à des expositions.	展覧会へ	**– Je fais du shopping.**	買い物（ショッピング）をします．

– J'adore …（する）こと が大好き．	**écouter de la musique.**	音楽を聞く	– Je n'aime pas …（する）ことが 好きではない．	**sortir le soir.**	夜に外出する
	regarder la télé.	テレビを見る		**rester chez moi.**	家にいる / 残る
	faire la cuisine.	料理をする		**faire les courses.**	買い物をする
	voyager à l'étranger.	海外旅行に行く		**ne rien faire.**	何もしない

Ⅰ テキストを聞いて，声に出して読みましょう． Écoutez le texte, puis lisez-le à haute voix. 🔊 **2-86**

Ma famille

Bonjour, je m'appelle Olivier Lacoste, je suis français, j'ai 16 ans, je suis lycéen. Plus tard, j'aimerais devenir dessinateur de BD. Je vous présente ma famille. Nous habitons à Lyon. Mon père s'appelle Anthony, il est employé de banque. Il a 50 ans. Il est parfois un peu sévère. Ma mère s'appelle Janet. Elle est irlandaise. Elle a 45 ans. Avant, elle était prof d'anglais. Maintenant, elle enseigne le yoga. Elle est très gentille. J'ai une grande sœur. Elle s'appelle Léa. Elle a 20 ans. Elle est drôle et sympa. Elle est étudiante en droit. Il y a aussi mon petit frère Sylvain. Il a 12 ans. Il est collégien. Il est très intelligent et doué pour la musique. Nous avons un petit chien que j'ai reçu pour mon anniversaire. Il s'appelle Bandit. Il est vraiment coquin. Il a 3 ans. Nous avons également un chat noir et blanc qui s'appelle Pétu. Il est adorable. Quand j'étais petit, on avait aussi un beau perroquet de toutes les couleurs. Il était très bavard. Il s'appelait Ara.

Ⅱ 作文 Rédaction

ノートの1ページ分を使って，冒頭に自分の名前をフルネームで書き，上の例にならって家族を紹介してみましょう．
Sur une page de votre cahier, écrivez en en-tête votre prénom et votre nom, ensuite présentez votre famille, suivant le modèle ci-dessus.

La famille 家族

音声を聞いて，発音してみましょう． Écoutez et répétez. 🔊 **2-87**

les grands-parents 祖父母	le grand-père 祖父 la grand-mère 祖母	les parents 両親	le père 父 la mère 母
les frères 兄弟	le grand frère 兄 le petit frère 弟	les sœurs 姉妹	la grande sœur 姉 la petite sœur 妹
des parents 親戚	l'oncle おじ la tante おば	le cousin 従兄弟 la cousine 従姉妹	le neveu 甥 la nièce 姪
le couple カップル / 夫婦	le mari 夫 la femme 妻	le compagnon パートナー(男) la compagne パートナー(女)	

Combien de frères et sœurs avez-vous ? 兄弟姉妹は何人いますか？
– J'ai **un frère** (seulement). 兄弟が1人（だけ）います．
– J'ai **un** (petit) **frère et une** (grande) **sœur**. 弟1人と姉1人がいます．
– Je suis fils unique. 1人息子です．／ fille unique. 1人娘です．

Qualificatifs 品質形容詞

adorable 愛らしい **gentil**(le) 優しい **méchant**(e) 意地悪な **capricieux**(~se) わがままな **intelligent**(e) 頭がよい
bête 馬鹿な **bavard**(e) おしゃべりな **timide** 内気な **sévère** 厳しい／厳格な **drôle** おもしろい **sérieux**(~se) まじめな
travailleur(~se) 働き者の **bosseur**(~se) 勉強家の **sympa** 感じが良い **coquin**(e) いたずらな **paresseux**(~se) 怠惰な

◆ (être) **doué**(e) pour... (la musique, la danse, le chant, les langues...) (音楽，ダンス，歌，言語…) の才能がある

La monnaie européenne : L'EURO

ヨーロッパの通貨：ユーロ

Exercice 1 : 硬貨と紙幣：例にならって硬貨と紙幣を文字（アルファベ）で書き，書いた答えを声に出して読んでみましょう．

Pièces et billets : écrivez-les en toutes lettres, suivant les modèles, puis lisez vos réponses à haute voix.

 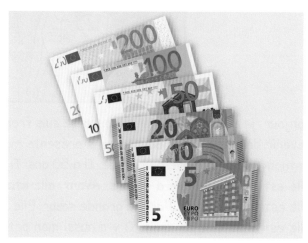

Les pièces [硬貨] : un centime, _____ ,

un euro, _____ .

Les billets [紙幣] : cinq euros, _____

_____ .

Combien ça coûte ?

それはいくらですか？

Exercice 2 : 例にならって値段を文字（アルファベ）で書き，書いた答えを声に出して読んでみましょう．

Écrivez les prix en toutes lettres, suivant le modèle, puis lisez vos réponses à haute voix.

Modèle

  1,40 euro

  3,60 euros

Cette baguette coûte **un euro quarante.**

1. Cet hamburger coûte _____ .

  16,50 euros

  24,90 euros

2. Ce gâteau coûte _____ .

3. Ces macarons coûtent _____ .

Le Paris méconnu
知られざるパリ

パリでは昔から良質な石灰岩が採れたことから，地下には採石場が点在しています．過去には，採掘され空洞となった空間を，遺体を埋める共同墓地として利用していたことがありました．日本のように火葬ではなく，土葬の習慣を持つカトリック文化では，慢性的に墓地が不足していたため，パリの地下が納骨場として利用されるようになったのです．今では**カタコンブ**と呼ばれ，一般に開放されているので見学することができ，観光地として人気も博しています．パリの東にある**ペール・ラシェーズ墓地**には，画家のドラクロワ，作家のプルースト，女優のサラ・ベルナールや歌手のエディット・ピアフなどが眠っています．

セーヌ川を中心に発展した街パリの北東側には，**サン・マルタン運河**があります．セーヌ川に，ウルク運河を繋ぐために建設されました．クルーズ船でサン・マルタン運河巡りを楽しむこともできます．**サントゥアン（クリニャンクール）の蚤の市**は，世界最大規模の蚤の市で，アンティーク家具や食器，テイクアウトの食事まで，何でも揃う蚤の市です．パリ最古の常設マルシェと言われる**アンファン・ルージュ市場**は，アーケードで覆われたマルシェです．6年にも及ぶ改装を経て，2000年にリニューアルオープンしました．場内にはテーブルとイスが並べられているので，購入した食材をその場で食べることもできます．

マルシェに興味がある人は，**ムフタール通り**もお勧めです．パリで最も古い通りの1つと言われるムフタール通りはわずか650メートルの坂道ながら，活気に満ちた食料品店が建ち並び，新鮮な食材で溢れかえります．マルシェの開かれる坂下から道を上ってゆくと，ワインやオリーブなどのショップや雑貨店があり，お土産選びにも困りません．また，マルシェを目当てに訪れる人々が手頃な価格で楽しめるレストランも数多く営業していて，フランス料理ばかりでなく世界各国の料理を味わうことができます．

Les nombres / L'heure

Les nombres cardinaux (基数) ▌▌▌▌▌▌▌▌▌▌▌▌▌▌▌▌▌▌▌▌▌▌▌▌▌▌▌▌▌▌▌▌▌

音声を聞いて，発音してみましょう． Écoutez et répétez. 🔊 2-88

0 zéro				
1 un / une	**2** deux	**3** trois	**4** quatre	**5** cinq
6 six	**7** sept	**8** huit	**9** neuf	**10** dix
11 onze	**12** douze	**13** treize	**14** quatorze	**15** quinze
16 seize	**17** dix-sept	**18** dix-huit	**19** dix-neuf	**20** vingt
21 vingt et un	**22** vingt-deux	**23** vingt-trois	**24** vingt-quatre	**25** vingt-cinq
26 vingt-six	**27** vingt-sept	**28** vingt-huit	**29** vingt-neuf	**30** trente
40 quarante	**50** cinquante	**60** soixante	**70** soixante-dix	**80** quatre-vingts
90 quatre-vingt-dix	**100** cent	**200** deux cents	**300** trois cents	**400** quatre cents
500 cinq cents	**600** six cents ...	**1 000** mille		**2 000** deux mille ...

🗒 **Exercice**　数字と月名を文字（アルファベ）で書きましょう．そして書いた答えを声に出して読んでみましょう．Écrivez les nombres et les mois en toutes lettres, puis lisez vos réponses à haute voix.

1. Quelle est votre date de naissance ? あなたの生まれた日はいつですか？

   – C'est le _____ （日） _____ （月）deux mille _____ （年）.

2. Quel âge avez-vous ? 何歳ですか？

   – J'ai _____ ans.

Les nombres ordinaux (序数) ▌▌▌▌▌▌▌▌▌▌▌▌▌▌▌▌▌▌▌▌▌▌▌▌▌▌▌▌▌▌▌▌▌

音声を聞いて，発音してみましょう． Écoutez et répétez. 🔊 2-89

1$^{er/ère}$ (premier/ière)	2e (deuxième)	3e (troisième)	4e (quatrième)	5e (cinquième)
6e (sixième)	7e (septième)	8e (huitième)	9e (neuvième)	10e (dixième)
11e (onzième)	12e (douzième)	13e (treizième)	14e (quatorzième)	15e (quinzième)
16e (seizième)	17e (dix-septième)	18e (dix-huitième)	19e (dix-neuvième)	
20e (vingtième)	21e (vingt et unième)	22e (vingt-deuxième) ...		

🗒 **Exercice**　例にならって数字を文字（アルファベ）で書きましょう．そして書いた答えを声に出して読んでみましょう．Écrivez les nombres en toutes lettres, suivant le modèle, puis lisez vos réponses à haute voix.

Modèle　私は15区に住んでいます．J'habite dans le 15e → <u>quinzième</u> arrondissement.

1. 私のオフィスは5階です．　　　　Mon bureau est au 4e → _____ étage.

2. ローランはクラスで1番です．　　Laurent est le 1er → _____ de la classe.

3. 2つ目の通りを右に曲がったところです．　C'est dans la 2e → _____ rue à droite.

4. ここに来るのは初めてです．　　C'est la 1ère → _____ fois que je viens ici.

Les chiffres romains（ローマ数字）

🔊 2-90

1. **I**	2. **II**	3. **III**	4. **IV**	5. **V**	6. **VI**	7. **VII**	8. **VIII**	9. **IX**	10. **X**
11. **XI**	12. **XII**	13. **XIII**	14. **XIV**	15. **XV**	16. **XVI**	17. **XVII**	18. **XVIII**		
19. **XIX**	20. **XX**	21. **XXI**	22. **XXII**	23. **XXIII**	24. **XXIV**	25. **XXV**	26. **XXVI** ...		

Exercice 例にならって，次の数字をローマ数字で書き，書いた答えを声に出して読んでみましょう.
Écrivez les nombres en chiffres romains, suivant le modèle, puis lisez vos réponses à haute voix.

Modèle 第5共和政　La 5ᵉ République → La **cinquième** République

1. フランス国王ルイ14世　Louis 14, roi de France. → Louis _____, roi de France.
2. パリ11区　Le 11ᵉ arrondissement de Paris. → Le _____ arrondissement de Paris.
3. 21世紀　Le 21ᵉ siècle. → Le _____ siècle.

L'heure （時間）

音声を聞いて，発音してみましょう. Écoutez et répétez. 🔊 2-91

1h00	une heure	**05**	cinq	
2h00	deux heures	**10**	dix	
3h00	trois heures	**15**	quinze	→ trois heures **et quart**
4h00	quatre heures	**20**	vingt	
5h00	cinq heures	**25**	vingt-cinq	
6h00	six heures	**30**	trente	→ six heures **et demie**
7h00	sept heures	**35**	trente-cinq	→ huit heures **moins vingt-cinq**
8h00	huit heures	**40**	quarante	→ neuf heures **moins vingt**
9h00	neuf heures	**45**	quarante-cinq	→ dix heures **moins le quart**
10h00	dix heures	**50**	cinquante	→ onze heures **moins dix**
11h00	onze heures	**55**	cinquante-cinq	→ midi / minuit **moins cinq**

12h00 midi 正午　　　　**24h00** minuit 零時

60 secondes = 1 minute 60秒＝1分 / **60 minutes = 1 heure** 60分＝1時間

・AM / PM：(8h00)　　**du matin** ↔ **du soir** / (1h00) **du matin** ↔ **de l'après-midi**
朝の（8時）　夜の（8時）　　　　午前（1時）　　午後（1時）

● 空港，国有鉄道の駅・バス停，メディアなどの時刻表. Horaires aéroports, gares SNCF / gares routières, média, etc.

13h00 treize heures　　**14h15** quatorze heures **quinze**　　**16h30** seize heures **trente**
19h45 dix-neuf heures **quarante-cinq**　　**22h50** vingt-deux heures **cinquante** ...

*****Le TGV de** (18h35). (18時35分) のTGV.　　**Le JT de** (20h00). (20時00分) のテレビニュース.

Exercice 1 好きな都市（ローマ，リマ）を選んで，例にならって，隣の友達に質問してみましょう.
Choisissez une ville de votre choix (Rome, Lima) et posez la question à votre voisin(e), suivant le modèle.

Modèle **Quelle heure est-il maintenant à Paris ?** 今，パリは何時ですか？
– **Il est** (5h00 **du matin** / 8h20 **du soir** / 2h45 **de l'après-midi**, 22 heures ...)

Exercice 2 好きな動詞（finir, arriver, partir ...）を使って，例にならい隣の友達に質問してみましょう.
Posez la question à votre voisin(e) en utilisant un verbe de votre choix (finir, arriver, partir…), suivant le modèle.

Modèle **À quelle heure commence le film ?** 映画は何時に始まりますか？
– (Ça) **Il commence à** (20h30 / 21h00 ...).

動詞の現在形活用：音声を聞いて，活用表を完成させましょう．添削した後に，声に出して読んでみましょう．

Conjugaison des verbes au présent. Écoutez et complétez. Après la correction, lisez les verbes à haute voix.

🔊 3-01, 02

1. être …である / …にいる	**2. avoir** …を持っている
過去分詞：(avoir) **été**	過去分詞：(avoir) **eu**
je suis	j' ai
tu _____	tu _____
il / elle / on _____	il / elle / on _____
nous _____	nous _____
vous _____	vous _____
ils / elles _____	ils / elles _____

(ne … pas) être …ではない / …にはいない	**(ne … pas) avoir** …を持っていない
je ne suis pas	je n' ai pas
tu _____	tu _____
il / elle / on _____	il / elle / on _____
nous _____	nous _____
vous _____	vous _____
ils / elles _____	ils / elles _____

▶ **être** …ですか？ / …にいますか？

Vous êtes japonais(e).
　　あなたは日本人ですね．

→ **Est-ce que vous êtes** japonais(e) ?
　　あなたは日本人ですか？

avoir …を持っていますか？

Tu as une voiture.
　　君は車を持っているんだね．

→ **Est-ce que tu as** une voiture ?
　　君は車を持っているの？

注意　倒置をせず，語尾を上げ調子で読む疑問文は，会話で最もよく用いられる形です．

Vous êtes japonaise ? ↗
　　あなたは日本人ですか？

Tu as une voiture ? ↗
　　君は車を持っているの？

動詞の現在形活用：音声を聞いて，活用表を完成させましょう．添削した後に，声に出して読んでみましょう．

Conjugaison des verbes au présent. Écoutez et complétez. Après la correction, lisez les verbes à haute voix.

🔊 3-03, 04, 05

3. parler 話す	↔	**habiter** 住む	↔	**arriver** 到着する
過去分詞：(avoir) **parlé**		過去分詞：(avoir) **habité**		過去分詞：(être) **arrivé**
je **parle**		j' **habite**		j' **arrive**
tu _____		tu _____		tu _____
il _____		il _____		il _____
nous _____		nous _____		nous _____
vous _____		vous _____		vous _____
ils _____		ils _____		ils _____

🔊 3-06, 07, 08

4. comprendre 理解する	↔	**prendre** 取る・飲む・食べる		**5. commencer** 始める
過去分詞：(avoir) **compris**		過去分詞：(avoir) **pris**		過去分詞：(avoir) **commencé**
je **comprends**		je **prends**		je **commence**
tu _____		tu _____		tu _____
il _____		il _____		il _____
nous _____		nous _____		nous _____
vous _____		vous _____		vous _____
ils _____		ils _____		ils _____

🔊 3-09, 10, 11

6. finir 終える		**7. manger** 食べる		**8. faire** 作る・する
過去分詞：(avoir) **fini**		過去分詞：(avoir) **mangé**		過去分詞：(avoir) **fait**
je **finis**		je **mange**		je **fais**
tu _____		tu _____		tu _____
il _____		il _____		il _____
nous _____		nous _____		nous _____
vous _____		vous _____		vous _____
ils _____		ils _____		ils _____

🔊 3-12, 13, 14

9. étudier 勉強する		**10. aller** 行く		**11. venir** 来る
過去分詞：(avoir) **étudié**		過去分詞：(être) **allé**		過去分詞：(être) **venu**
j' **étudie**		je **vais**		je **viens**
tu _____		tu _____		tu _____
il _____		il _____		il _____
nous _____		nous _____		nous _____
vous _____		vous _____		vous _____
ils _____		ils _____		ils _____

MES VERBES
Conjugaison 3

動詞の現在形活用：音声を聞いて，活用表を完成させましょう．添削した後に，声に出して読んでみましょう．
Conjugaison des verbes au présent. Écoutez et complétez. Après la correction, lisez les verbes à haute voix.

🔊 3-15, 16, 17

12. appeler 呼ぶ・電話をする
過去分詞：(avoir) **appelé**

j'	**appel**le
tu	
il	
nous	
vous	
ils	

13. jouer 遊ぶ
過去分詞：(avoir) **joué**

je	**jou**e
tu	
il	
nous	
vous	
ils	

↔ **continuer** 続ける
過去分詞：(avoir) **continué**

je	**continu**e
tu	
il	
nous	
vous	
ils	

🔊 3-18, 19, 20

14. préférer より好む
過去分詞：(avoir) **préféré**

je	**préfè**re
tu	
il	
nous	
vous	
ils	

15. boire 飲む
過去分詞：(avoir) **bu**

je	**b**ois
tu	
il	
nous	
vous	
ils	

16. acheter 買う
過去分詞：(avoir) **acheté**

j'	**achè**te
tu	
il	
nous	
vous	
ils	

🔊 3-21, 22, 23

17. écrire 書く
過去分詞：(avoir) **écrit**

j'	**écri**s
tu	
il	
nous	
vous	
ils	

18. répondre 答える
過去分詞：(avoir) **répondu**

je	**répond**s
tu	
il	
nous	
vous	
ils	

19. lire 読む
過去分詞：(avoir) **lu**

je	**li**s
tu	
il	
nous	
vous	
ils	

🔊 3-24, 25, 26

20. devoir …しなければならない
過去分詞：(avoir) **dû**

je	**d**ois
tu	
il	
nous	
vous	
ils	

21. envoyer 送る
過去分詞：(avoir) **envoyé**

j'	**envoi**e
tu	
il	
nous	
vous	
ils	

22. pouvoir できる
過去分詞：(avoir) **pu**

je	**p**eux
tu	
il	
nous	
vous	
ils	

動詞の現在形活用：音声を聞いて，活用表を完成させましょう．添削した後に，声に出して読んでみましょう．
Conjugaison des verbes au présent. Écoutez et complétez. Après la correction, lisez les verbes à haute voix.

🔊 3-27, 28, 29

23. vouloir 欲しい・…したい	**24. ouvrir** 開く・開ける	↔	**offrir** 贈る・提供する
過去分詞：(avoir) **voulu**	過去分詞：(avoir) **ouvert**		過去分詞：(avoir) **offert**
je v**eux**	j' **ouvr**e		j' **offr**e
tu _____	tu _____		tu _____
il _____	il _____		il _____
nous _____	nous _____		nous _____
vous _____	vous _____		vous _____
ils _____	ils _____		ils _____

🔊 3-30, 31, 32

25. sortir (外へ)出る・出かける	↔	**partir** 出発する	**26. voir** 見る・会う
過去分詞：(être) **sorti**		過去分詞：(être) **parti**	過去分詞：(avoir) **vu**
je s**or**s		je **par**s	je v**ois**
tu _____		tu _____	tu _____
il _____		il _____	il _____
nous _____		nous _____	nous _____
vous _____		vous _____	vous _____
ils _____		ils _____	ils _____

🔊 3-33, 34, 35

27. savoir 知っている・…できる	**28. connaître** 知っている	**29. recevoir** 受け取る
過去分詞：(avoir) **su**	過去分詞：(avoir) **connu**	過去分詞：(avoir) **reçu**
je s**ai**s	je **connai**s	je **reç**ois
tu _____	tu _____	tu _____
il _____	il _____	il _____
nous _____	nous _____	nous _____
vous _____	vous _____	vous _____
ils _____	ils _____	ils _____

🔊 3-36, 37

2通りの活用が可能な動詞 Deux conjugaisons possibles

30. payer~AYER 支払う			**essayer** 試す　　**2通りの活用が可能な動詞**		
過去分詞：(avoir) **payé**			過去分詞：(avoir) **essayé**		
je pa**ie**	↔	pa**ye**	j' essa**ie**	↔	essa**ye**
tu pa**ies**	↔	pa**yes**	tu _____	↔	_____
il pa**ie**	↔	pa**ye**	il _____	↔	_____
nous pa**yons**	↔	pa**yons**	nous _____	↔	_____
vous pa**yez**	↔	pa**yez**	vous _____	↔	_____
ils pa**ient**	↔	pa**yent**	ils _____	↔	_____

動詞の現在形活用：音声を聞いて，活用表を完成させましょう．添削した後に，声に出して読んでみましょう．
Conjugaison des verbes au présent. Écoutez et complétez. Après la correction, lisez les verbes à haute voix.

🔊 3-38, 39, 40

31. mettre 置く・着る
過去分詞：(avoir) **mis**

je	mets
tu	
il	
nous	
vous	
ils	

32. lever 起こす・(手を)上げる
過去分詞：(avoir) **levé**

je	lève
tu	
il	
nous	
vous	
ils	

33. naître 生まれる
過去分詞：(être) **né**

je	nais
tu	
il	
nous	
vous	
ils	

🔊 3-41, 42, 43

34. mourir 死ぬ
過去分詞：(être) **mort**

je	meurs
tu	
il	
nous	
vous	
ils	

35. suivre ついて行く・沿って進む
過去分詞：(avoir) **suivi**

je	suis
tu	
il	
nous	
vous	
ils	

36. servir 仕える・役立つ
過去分詞：(avoir) **servi**

je	sers
tu	
il	
nous	
vous	
ils	

🔊 3-44, 45, 46

37. dire 言う
過去分詞：(avoir) **dit**

je	dis
tu	
il	
nous	
vous	
ils	

38. croire 信じる
過去分詞：(avoir) **cru**

je	crois
tu	
il	
nous	
vous	
ils	

39. vivre 生きる・暮らす
過去分詞：(avoir) **vécu**

je	vis
tu	
il	
nous	
vous	
ils	

🔊 3-47, 48, 49

40. craindre 恐れる
過去分詞：(avoir) **craint**

je	crains
tu	
il	
nous	
vous	
ils	

41. traduire 翻訳する
過去分詞：(avoir) **traduit**

je	traduis
tu	
il	
nous	
vous	
ils	

42. courir 走る
過去分詞：(avoir) **couru**

je	cours
tu	
il	
nous	
vous	
ils	

動詞の現在形活用：音声を聞いて，活用表を完成させましょう．添削した後に，声に出して読んでみましょう.
Conjugaison des verbes au présent. Écoutez et complétez. Après la correction, lisez les verbes à haute voix.

🔊 3-50, 51, 52

43. appuyer 支える・押す
過去分詞：(avoir) **appuyé**
j' **appu**ie
tu ___
il ___
nous ___
vous ___
ils ___

44. jeter 投げる・捨てる
過去分詞：(avoir) **jeté**
je **jet**te
tu ___
il ___
nous ___
vous ___
ils ___

45. accueillir 迎える
過去分詞：(avoir) **accueilli**
j' **accueill**e
tu ___
il ___
nous ___
vous ___
ils ___

🔊 3-53, 54, 55

46. battre 打つ・打ち負かす
過去分詞：(avoir) **battu**
je **bat**s
tu ___
il ___
nous ___
vous ___
ils ___

47. rire 笑う
過去分詞：(avoir) **ri**
je **ri**s
tu ___
il ___
nous ___
vous ___
ils ___

48. peindre 描く
過去分詞：(avoir) **peint**
je **pein**s
tu ___
il ___
nous ___
vous ___
ils ___

🔊 3-56, 57, 58

49. dormir 眠る
過去分詞：(avoir) **dormi**
je **dor**s
tu ___
il ___
nous ___
vous ___
ils ___

50. fuir 逃げる
過去分詞：(avoir) **fui**
je **fui**s
tu ___
il ___
nous ___
vous ___
ils ___

51. plaire 気に入る
過去分詞：(avoir) **plu**
je **plai**s
tu ___
il ___
nous ___
vous ___
ils ___

🔊 3-59, 60, 61, 62, 63

非人称動詞 Verbes impersonnels

52. pleuvoir 雨が降る
過去分詞：(avoir) **plu**
il ___

53. neiger 雪が降る
過去分詞：(avoir) **neigé**
il ___

54. geler 凍る
過去分詞：(avoir) **gelé**
il ___

55. suffire (de) 十分である
過去分詞：(avoir) **suffi**
Il ___ (de) ...

56. falloir ～が必要である・～すべきだ
過去分詞：(avoir) **fallu**
il ___

動詞の現在形活用：音声を聞いて，活用表を完成させましょう．添削した後に，声に出して読んでみましょう．
Conjugaison des verbes au présent. Écoutez et complétez. Après la correction, lisez les verbes à haute voix.

🔊 3-64, 65

代名動詞 Verbes pronominaux 代名動詞の複合過去形では，常に助動詞être が用いられます．

57. se taire 黙る
過去分詞：(être) tu

je	me	tais
tu	....	....
il	....	....
nous	....	....
vous	....	....
ils	....	....

58. s'asseoir 座る 2通りの活用が可能な動詞
過去分詞：(être) assis

je	m'	assieds	↔	je	....	assois
tu	....	....	↔	tu	....	....
il	....	....	↔	il	....	....
nous	....	....	↔	nous	....	....
vous	....	....	↔	vous	....	....
ils	....	....	↔	ils	....	....

Verbes pronominaux réfléchis 代名動詞（再帰的用法）

(3.と同じ)	se balader	散歩する	Je	....	souvent dans Paris en été.
(3.と同じ)	se laver	洗う	Tu	....	les cheveux chaque jour ?
(3.と同じ)	s'occuper	世話をする	Il	....	de ses enfants le week-end.
(3.と同じ)	se tromper	間違う	Nous	....	de route quelquefois.
(3.と同じ)	se soigner	身を労わる	On	....	bien. On est en forme.
(6.と同じ)	se salir	汚れる	Vous	....	quand vous jouez au parc.
(9.と同じ)	se marier	結婚する	Elle	....	dans trois mois.
(11.と同じ)	se souvenir	覚えている	Ils	....	de notre famille ?
(25.と同じ)	se sentir	感じる	Elles	....	mal à cause de la chaleur.
(29.と同じ)	s'apercevoir	気づく	Je	....	de mon erreur.
(43.と同じ)	s'ennuyer	退屈する	Tu	....	parfois en vacances ?
(49.と同じ)	s'endormir	眠りにつく	Il	....	toujours vite.
(50.と同じ)	s'enfuir	逃げる	Le chat	....	parfois par la fenêtre.
(51.と同じ)	se plaire	気に入る	Vous	....	en France, Mariko et toi ?

Verbes pronominaux réciproques 代名動詞（相互的用法）

(3.と同じ)	s'aimer	愛し合う	Ils	....	à la folie, ces deux-là.
(3.と同じ)	se disputer	口喧嘩する	Vous	....	ton petit ami et toi ?
(3.と同じ)	se serrer	交わす	On	....	la main en France.
(21.と同じ)	s'envoyer	送り合う	Nous	....	des mails chaque jour.
(24.と同じ)	s'offrir	贈り合う	On	....	des cadeaux à Noël.
(26.と同じ)	se revoir	再会する	Elles	....	dans deux semaines.
(46.と同じ)	se battre	喧嘩する	Ils	....	tout le temps ces garçons.

表紙：Laurent MASSON / メディアアート

挿絵：Laurent MASSON

Visitons Paris！参考動画：Tout Paris En Vidéo 82, rue des Martyrs 75018 Paris

写真クレジット（順不同）：Kamira / Shutterstock.com, designium / Shutterstock.com, Christian Mueller / Shutterstock.com, isarescheewin / Shutterstock.com, Vlasyuk Inna / Shutterstock.com, ColorMaker / Shutterstock.com, Elena Dijour / Shutterstock.com, Nadiia_foto / Shutterstock.com, Stefano Ember / Shutterstock.com

---

ア・ロレイユ！
実践しながら身につける初級フランス語

検印
省略

©2024年1月30日 初版発行

著　者　　　　　セルジュ・ジュンタ
　　　　　　　　関　未玲

発行者　　　　　小川　洋一郎

発行所　　　　　株式会社　朝日出版社
〒101-0065 東京都千代田区西神田 3-3-5
電話　（03）3239-0271/72
振替口座　00140-2-46008
http://www.asahipress.com/
メディアアート／図書印刷

Carte des régions françaises

Réunion

Mayotte

Martinique

Guyane

Guadeloupe

ANGLETERRE

MANCHE

Cherbourg-en-Cotentin

H

Honfleur • Rouen

Normandie

Versailles •

St-Malo • • Le Mont St-Michel

Bretagne

Chartres

Île
Fr

• Rennes

Carnac •

**Pays-de-
la-Loire**

Orléans

la Loire

Tours •

**Centre-Va
de-Loire**

Nantes •

Poitiers •

**OCÉAN
ATLANTIQUE**

**Nouvelle-
Aquitaine**

Bordeaux •

la Garonne

• Toulouse

• Lourdes

Occitanie

ESPAGNE

FRANCE

Lille

BELGIQUE

ALLEMAGNE

de-
e

LUXEMBOURG

Reims

Grand-Est

Strasbourg

la Seine

Bourgogne-
Franche-Comté

Besançon

Dijon

SUISSE

vergne-
ne-Alpes

Lyon

Grenoble

le Rhône

ITALIE

Avignon

Provence-Alpes-
Côte-d'Azur

Arles

er

Aix-en-Provence

MONACO

Marseille

Cannes

Nice

MER MÉDITERRANÉE

Corse

Ajaccio